搭地鐵
玩遍新加坡

U0005167

臺灣太雅出版
編輯室提醒

太雅旅遊書提供地圖,讓旅行更便利

地圖採兩種形式:紙本地圖或電子地圖,若是提供紙本地圖,會直接繪製在書上,並無另附電子地圖;若採用電子地圖,則將書中介紹的景點、店家、餐廳、飯店,標示於GoogleMap,並提供地圖QR code供讀者快速掃描、確認位置,還可結合手機上路線規畫、導航功能,安心前往目的地。

提醒您,若使用本書提供的電子地圖,出發前請先下載成離線地圖,或事先印出,避免旅途中發生網路不穩定或無網路狀態。

出發前,請記得利用書上提供的通訊方式再一次確認

每一個城市都是有生命的,會隨著時間不斷成長,「改變」於是成為不可避免的常態,雖然本書的作者與編輯已經盡力,讓書中呈現最新的資訊,但是,仍請讀者利用作者提供的通訊方式,再次確認相關訊息。因應流行性傳染病疫情,商家可能歇業或調整營業時間,出發前請先行確認。

資訊不代表對服務品質的背書

本書作者所提供的飯店、餐廳、商店等等資訊,是作者個人經歷或採訪獲得的資訊,本書作者盡力介紹有特色與價值的旅遊資訊,但是過去有讀者因為店家或機構服務態度不佳,而產生對作者的誤解。敝社申明,

「服務」是一種「人為」,作者無法為所有服務生或任何機構的職員背書他們的品行,甚或是費用與服務內容也會隨時間調動,所以,因時因地因人,可能會與作者的體會不同,這也是旅行的特質。

新版與舊版

太雅旅遊書中銷售穩定的書籍,會不斷修訂再版,修訂時,還區隔紙本與網路資訊的特性,在知識性、消費性、實用性、體驗性做不同比例的調整,太雅編輯部會不斷更新我們的策略,並在此園地說明。您也可以追蹤太雅IG跟上我們改變的腳步。

taiya.travel.club

票價震盪現象

越受歡迎的觀光城市,參觀門票和交通票券的價格,越容易調漲,特別Covid-19疫情後全球通膨影響,若出現跟書中的價格有落差,請以平常心接受。

謝謝眾多讀者的來信

過去太雅旅遊書,透過非常多讀者的來信,得知更多的資訊,甚至幫忙修訂,非常感謝大家的熱心與愛好旅遊的熱情。歡迎讀者將所知道的變動訊息,善用我們的「線上回函」或直接寄到taiya@morningstar.com.tw,讓華文旅遊者在世界成為彼此的幫助。

搭地鐵 玩遍新加坡

熱銷增訂新第六版

作 者	但 敏

總 編 輯	張芳玲
發想企劃	taiya旅遊研究室
編輯主任	張焙宜
修訂協力	張念萱
企劃編輯	張焙宜
主責編輯	張焙宜
特約編輯	張傳瑄
修訂主編	鄧鈺澐
修訂編輯	邱律婷
封面設計	許志忠
美術設計	許志忠
地圖繪製	許志忠

國家圖書館出版品預行編目（CIP）資料

搭地鐵玩遍新加坡／但敏 作．
— 六版． — 台北市 ： 太雅，2024. 04
面； 公分 ． —（世界主題之旅；69）
ISBN 978-986-336-379-8（平裝）

1.CST: 火車旅行　2.CST:. 地下鐵路
3.CST: 新加坡

738.79　　　　　　　　　　109001060

太雅出版社
TEL：(02)2368-7911　FAX：(02)2368-1531
E-MAIL：taiya@morningstar.com.tw
太雅網址：http://taiya.morningstar.com.tw
購書網址：http://www.morningstar.com.tw
讀者專線：(02)2367-2044、2367-2047

出 版 者　太雅出版有限公司
　　　　　106台北市大安區辛亥路一段30號9樓
　　　　　行政院新聞局局版台業字第五○○四號

讀者服務專線：(02)2367-2044、(04)2359-5819#230
讀者傳真專線：(02)2363-5741、(04)2359-5493
讀者專用信箱：service@morning.com.tw
網路書店：http://www.morningstar.com.tw
郵政劃撥：15060393 (知己圖書股份有限公司)

法律顧問　陳思成律師

印　　刷　上好印刷股份有限公司　TEL：(04)2315-0280
裝　　訂　大和精緻製訂股份有限公司　TEL：(04)2311-0221

六　　版　西元2024年04月01日
定　　價　430元

(本書如有破損或缺頁，退換書請寄至：
台中市工業30路1號 太雅出版倉儲部收)

ISBN 978-986-336-379-8
Published by TAIYA Publishing Co.,Ltd.
Printed in Taiwan

填線上回函
搭地鐵玩遍新加坡
熱銷增訂新第六版

https://reurl.cc/37bNjO

編輯室：本書內容為作者實地採訪的資料，書本發行後，開放時間、服務內容、票價費用、商店餐廳營業狀況等，均有變動的可能，建議讀者多利用書中的網址查詢最新的資訊，也歡迎實地旅行或是當地居住的讀者，不吝提供最新資訊，以幫助我們下一次的增修。聯絡信箱：taiya@morningstar.com.tw

新加坡，滿足不同旅客的多種需求

　　常被朋友問到，新加坡有什麼好玩？在我心裡，新加坡是個可以滿足一家大小、一群興趣喜好不同的旅客的終極旅遊勝地(除了想要有冬天氣息以外)！從台灣出發只要4小時，高雄、台北皆有廉價航空以及眾多班機直飛，從機場到市區不過20分鐘車程，大眾運輸交通便捷，主要人口為華人，就連阿公阿媽講台語都會通！

　　喜歡戶外運動的，可以往聖淘沙或是新加坡東岸，享受陽光沙灘以及自行車步道，甚至從樟宜渡輪碼頭坐船到新加坡島嶼烏敏島(Pulau Ubin)，感受原始熱帶雨林的單車冒險；喜歡登山爬坡的可以經由花柏山花園前往南部山脊，或是造訪濱海灣花園(Gardens by the Bay)。

　　喜歡購物的，來到烏節路金沙購物中心，一站式掃盡國際大小品牌。喜歡小試運氣的，可以來金沙賭場玩兩把。一家大小可以造訪新加坡夜間動物園，搭乘園區專車看現場表演，或是準備一到兩天來到聖淘沙名勝世界，環球影城和全球最大海洋生物園。

　　熱愛美食的，從當地小吃，到米其林星級餐廳，以及各類異國美食，眾多選擇不會讓人失望。想體驗夜生活的，可以到別有異國風情的阿拉伯街酒吧或是登布西山，或是越夜越美、眾多夜店派對到天亮的克拉克碼頭。喜歡看表演的，新加坡一年到頭有國際演唱會，聖淘沙名勝世界以及濱海灣金沙定期更換的歌劇表演。走文青路線的，可造訪新加坡眾多博物館，與近幾年興起許多獨立咖啡廳的潮區Tiong bahru一帶，以及介紹各新加坡新興設計師產品的紅點美術館，各區域還有不同風格的街頭塗鴉。

　　除了華人傳統，到印度區體驗印度風情，或到武吉士回教馬來清真寺感受馬來文化，再到東部造訪娘惹風格建築，精采多元的異國文化全都聚集在這個島國裡。希望藉由這本書可以幫你省去旅遊做功課的時間，更享受旅遊的過程，也請你來臉書跟我分享旅行的新發現和感動。

關於作者

但敏

　　射手B型，2006年來到新加坡，從一開始的短期休假一轉眼成為多年的生活體驗，喜愛新加坡的多元以及和台灣截然不同的職場文化，以及無限的可能以及不可能。目前旅居倫敦，從事國際貿易，經常往返歐亞各國。

🅞 emilytanuk
🅕 繪美理 Emily

疫情後的新加坡，好像更加精彩了

　　今年是我住在新加坡的第7年，與新加坡一起經歷了這場新冠風暴。疫情時市區空無一人的街道仍記憶猶新，空蕩蕩的環球影城，沒有遊客的濱海灣花園，這些都是從前想像不到的場景。但疫情的這幾年，新加坡可沒閒著，雖然暫時沒有觀光客入境，各大景點把握時間翻修整頓，也確實迎來了疫情後的大批外國旅客。

　　新加坡國土雖小，但令人驚豔的景點可不少，像是星耀樟宜的雨漩渦、濱海灣花園、金沙酒店，這些觀光客耳熟能詳的景點雖好，但我更想推薦那些充滿故事的街道巷弄。新加坡建國雖然只有短短58年，但這片土地上的人們卻是在更久之前就寫下了歷史。我們不熟悉的娘惹文化、馬來文化甚至是印度文化，都可以在這裡找到。無論是新式英語或是新式華語，都是一代接著一代，多元文化並存的證明。如果你已經去過新加坡大部分的景點，何不考慮再來一趟文化之旅？

　　最後感謝我在新加坡的朋友們，這本書的完成你們功不可沒，謝謝你們陪我探索了7年的新加坡。

關於修訂作者

張念萱

　　曾在澳洲、日本、新加坡唸書與工作，最後選擇在新加坡定居。擔任過空服員、領隊、翻譯員，現在是自由工作者。雖然覺得新加坡很熱，但卻同時享受著這陽光島嶼的活力。著有《開始在澳洲自助旅行　》、《開始在新加坡自助旅行》(太雅出版)。

http imnien.com

Singapore

5

目錄

圖片提供／新加坡觀光局

4　作者序
8　新加坡旅遊黃頁簿

32　南北線

32　烏節站
46　索美塞站
54　政府大廈站
64　萊佛士坊站

14　新加坡4大印象

16　印象1：悠遊花園城市
18　印象2：族群大熔爐
20　印象3：米其林美食聯合國
22　印象4：新加坡必訪地標
24　新加坡人氣伴手禮

74　環狀線

74　百勝站
80　濱海中心站
88　寶門廊站
94　海灣舫站
100　達科達站
106　植物園站

26　新加坡地鐵快易通

27　新加坡地鐵六大主線
28　新加坡地鐵購票通
29　搭乘地鐵停看聽

110　東北線

110　花拉公園站
114　小印度站
120　克拉碼頭站
126　牛車水站
138　港灣站

146 東西線

146 中峇魯站
150 丹戎巴葛站
156 武吉士站
164 巴耶利峇站
170 樟宜機場站

178 湯申－東海岸線

178 湯申路上段站
184 濱海灣花園站

190 新加坡郊區順遊

190 聖淘沙島
196 登布西山
202 新加坡旅館住宿

全書地圖目錄

封面裡　新加坡市區
封底裡　新加坡地鐵
33　　　烏節站
47　　　索美塞站
55　　　政府大廈站
65　　　萊佛士坊站
75　　　百勝站
81　　　濱海中心站
89　　　寶門廊站
95　　　海灣舫站
101　　達科達站
101　　植物園站
111　　花拉公園站
115　　小印度站
121　　克拉碼頭站
127　　牛車水站
139　　港灣站
147　　中峇魯站
151　　丹戎巴葛站
157　　武吉士站
165　　巴耶利峇站
179　　湯申路上段站
185　　濱海灣花園站
191　　聖淘沙島
197　　登布西山

地圖資訊符號

$ 金額　　http 網址　　　旅館飯店
地址　　　@ 電子信箱　購物商店
電話　　　FAX 傳真　　餐廳美食
時間　　　休 休息時間　觀光景點
MAP 地圖位置　i 資訊　　　酒吧娛樂
前往方式　注意事項　A 地鐵站出口

新加坡
旅遊黃頁簿

■ 簽證

前往新加坡，台灣人停留30天以內免簽證。需在登機前72小時內上網填寫新加坡電子入境卡(SG Arrival Card)。2023年起持台灣護照可於樟宜機場、大市及兀蘭陸路關卡使用自動通道通關。

電子入境卡填寫網站
🔗 eservices.ica.gov.sg/sgarrival card

新加坡移民局
🔗 www.ica.gov.sg

新加坡駐台北商務辦事處
✉ 台北市仁愛路4段85號9樓
☎ (02)2772-1940

■ 航空公司

台北直飛新加坡約4.5小時航程，目前除了中華航空、長榮航空、星宇航空、新加坡航空，還有低成本航空酷航可選擇。台北與新加坡之間每天往來班次頻繁，票價也相對穩定，若輕裝出遊、時間彈性，可以多關注酷航的網站，不定時會推出十分划算的促銷機票。

長榮航空
🔗 www.evaair.com

新加坡航空
🔗 www.singaporeair.com

中華航空
🔗 www.china-airlines.com

星宇航空
🔗 www.starlux-airlines.com

酷航
🔗 www.flyscoot.com

緊急連絡單位

遇到護照遺失等緊急狀況時，可以連絡駐新加坡台北代表處。

駐新加坡台北代表處

- www.roc-taiwan.org/sg/index.html
- @ sgp@mofa.gov.tw
- ✉ 460 Alexandra Road #23-00, mTower, Singapore 119963
- ☎ (65)6500-0100
  急難救助專線:(專供緊急求助，如車禍、搶劫、有關生命安危緊急情況等)
  行動電話:(65)9638-9436(僅供中華民國國民使用，非急難重大事件請勿撥打)
- FAX (65)6278-0095
- ⏰ 服務時間:週一～五09:00～17:00
  領務服務時間:週一～五09:00～11:30受理遞件，13:30～16:00受理取件

機場往返市區交通

樟宜機場各項標示清楚，進入新加坡市區的方式有計程車、地鐵、機場短程巴士(City Shuttle)、利木津計程車(Limousine)、大型計程車(Premium MPV/Maxi)、公共巴士5種，決定了要搭乘的交通工具後，循著標誌或洽詢機場人員都很方便。其中，最普遍也最快速的就屬計程車和地鐵了。

計程車

計程車起跳從3.9～4.3元開始，另外特定地點，如機場依時段加價6～8元起跳，350～400公尺和45秒等待開始，每次加跳0.25元。從1～4航廈皆有明顯標示如何前往計程車招呼站，到市區約20～40元不等，計價方式可參考網站。

- www.lta.gov.sg/content/ltagov/en/getting_around/taxis_private_hire_cars/taxi_fares_payment_methods.html

地鐵

到市區的車資約為2元，地鐵站位在第二及第三航廈，30分鐘內可到市區。樟宜機場站的最後一班離站時間為晚上11:18，週一～六最早前往市區的發車時間為05:31，週日及國定假日為05:59。

購買EZ-LINK CARD

可在機場地鐵櫃檯及市區7-11購買儲值地鐵公車卡EZ-LINK CARD，一張卡費10元，包含卡片工本費5元不可兌現，多的儲值金額可在地鐵站退現。

還有遊客通行卡(Singapore Travel Pass)可以購買(無限次數搭乘):一日卡22元、兩日卡29元、三日卡34元(以上價格含10元押金可退費)，旅客可依自身行程規畫來計算是否划算。

新加坡地鐵已經全面停售單程票，多數人也改為用自己的信用卡支付，台灣旅客可使用台灣的感應式信用卡直接感應閘門即可，不需要另外買EZ-LINK CARD非常方便，惟匯率和手續費用依各家銀行略有不同。

▲計程車是到達市區最方便快速的方式

▲在新加坡搭乘計程車須在指定地點上下車，多數路邊無法隨意停靠

▲往返各航廈間的輕軌列車

▲計程車站旁有詳細的車資說明

▲2023年整修後的第二航廈，寬敞明亮的出境大廳給旅客煥然一新的感受

機場短程巴士

在市區多數的飯店停靠，成人10元、兒童(12歲以下)7元，搭乘處在第一、第二、第三、第四航廈的入境大廳。發車時間為每日7:00～23:00。

利木津計程車
(Limousine Bus)
大型計程車
(Large Premium MPV/Maxi)

每趟各為55元(4人)和60元(6人)，乘坐空間和放置下裡的空間都比一般計程車大，每人限帶一件大件行李，搭乘處在第一、第二、第三、第四航廈的入境大廳。24小時開放。

公共巴士

到市區車資2元左右，缺點是沒有專門放置行李的地方，多為在機場附近上班民眾所使用，不建議帶有大件行李時乘坐。搭乘處在第一、第二、第三航廈。行駛時間為每天早上6點開始到凌晨。

▲機場有撥打當地電話免費的服務

日常生活資訊

行政概略/地理位置

新加坡南面有新加坡海峽與印尼相隔，北面有柔佛海峽與馬來西亞相隔，長堤跨越新馬兩岸，全島707平方公里，約兩個台北市大小的面積。和香港一樣是亞洲的重要金融中心，航空運輸的中繼站。

人口

目前新加坡人口約560萬人，約7成為新加坡公民和永久居民，其他為外籍與移動人口。新加坡公民的部分，華裔占76.2%，馬來裔15%，印度裔7.4%，其他則包括歐亞人種和華人通婚後裔。

語言

法定國語為馬來語，一般公家機關皆使用英語，通用語言為華語和泰米爾語。另外廣東話和福建話(台語)等方言也普遍被新加坡華人所使用，一般街頭標示以英文和華文為主。

氣候與服裝

新加坡四季如夏，11～1月為雨季，入夜後較涼爽。由於平日戶外高溫，導致新加坡的室內溫差特別大，地鐵、購物中心內的冷氣較強，適合隨身攜帶小外套或絲巾保暖用。

電壓

230V，三叉頭，台灣家電需要使用轉接變壓器。

時差

與台灣無時差。

匯率

台幣與新幣約1:23.5，本書內容的價格資訊皆為新幣。

免稅購物

旅客只要在有標示「TAX FREE」或「PREMIER TAX

了解新加坡物價

　　你知道1元能買什麼嗎？想到新加坡旅遊的你，要準備多少錢才能開心玩樂呢？首先，想知道新加坡物價，不妨先上全世界各大城市物價分析網站www.numbeo.com，就能查詢比較每個城市間的物價差異。

　　比較新加坡與台灣的物價，新加坡雖然高，但還是可以用小錢，像是1元、5元、10元買小物，增添在新加坡旅遊的樂趣。

　　像是可以用1元，在小販中心買1杯拉茶或是買1份原味印度煎餅，或是鼻子不通時可以買1條舒鼻通之類的藥膏；也可以用5元，在印度百貨(Mustafa shopping centre)買1包新加坡風味拉麵、1小瓶印度香水，或是3瓶斧標驅風油；還可以用10元，在24小時營業的幕達發(Mustafa)購物中心裡買1瓶香油，也可以買1條印度護唇膏。不過茶葉禮盒組可能就要大概十幾元才能買到了！

1元

5元

10元

FREE」的商店消費購物時，可以向該商店索取憑證或免稅表格，離境時隨身攜帶申報物品，便可在機場退稅櫃檯申請退還9%消費稅(Goods and Services Tax)。更多相關詳情，請參考機場網站。

http www.changiairport.com

■ 購買優惠票券

　　唐城坊China Town Point購

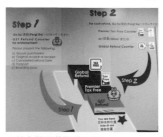

▲牆上標示著退稅流程

物中心3樓有眾多當地旅行社，可比較當地行程以及各類主題公園套票，單獨購買套票也比景點臨櫃購買優惠。以環球影城為例，大人票價為82元，天宇旅遊賣77元，約為94折的優惠。旅客可在天宇旅遊網站上，查詢最新優惠票價，線上購買主題樂園票券，憑電子票券進主題樂園，不需要親自跑旅行社，也可線上與服務人員洽詢。

▲在機場遵循消費稅退款處指引就可找到退稅櫃檯

新加坡天宇旅遊(牛車水唐城坊內)

http www.skylinesg.com/spots

✉ 133 New Bridge Road, #03-15, Chinatown Point, S059413

☎ (65)6444-6368

➡ 牛車水地鐵站E出口，步行約2分鐘

MAP P.127 / B2(唐城坊)

　　另外線上APP的網路購票系統KLOOK客路也很方便。

KLOOK客路旅行

http www.klook.com/zh-TW

電話和網路

新加坡電信系統和台灣相同，新加坡易付卡可在航站出入境大廳，或市區便利商店購買，須攜帶護照現場辦理，無線上網易付卡選擇多樣，例如新加坡國立電信業者Singtel的28日兩用易付卡(18元)，含當地通話500分鐘，100G網路漫遊(Facebook、Whatsapp和Line則是無流量限制)，取出SIM卡以後的卡片，含有3元的價值，可以在地鐵站直接儲值，當作地鐵公車卡Ezlink Card。此卡片還包含3G流量可用於澳洲、馬來西亞、印尼及泰國，轉機或順遊他國的旅客也很實用。建議出發前上網預約訂購，下飛機後在機場直接領取，節省排隊時間。

▲機場的SIM卡販售處

帶菸酒通關請注意

新加坡海關對菸酒採高稅率徵收，並嚴格禁止旅客攜帶超過數量的菸酒入境，違反者會被重罰。

每位入境旅客可以攜帶烈酒、葡萄酒、啤酒總計2公升的酒類免稅，但烈酒限制最多1公升。而煙草產品則是沒有免稅額，就算是一根香菸也需申報繳稅，建議旅客不要攜帶香菸入境新加坡，若真的需要抽菸請在當地購買。電子香煙在新加坡為違禁品，切勿攜帶入境。

節慶與假日

新加坡重要的國定假日包括元旦(1/1)、華人新年、耶穌受難日(Good Friday)、勞動節(5/1)、衛塞節(Vesak Day)、國慶日(8/9)、開齋節(Hari Raya Puasa)、屠妖節(Deepavali)、哈芝節(Hari Raya Haji)、聖誕節(12/25)。

由於新加坡種族多元，假日也一樣不能少了主要種族的節日，民族性節慶通常有許多精彩的表演活動，例如開齋節在馬來文化濃厚的甘榜格南區及芽籠士乃街頭有開齋節市集和街頭表演，屠妖節又俗稱燈節，在小印度區域則有街燈布置和屠妖節市集和遊行，出發前別忘了在新加坡旅遊網站確認表演時間表啦！

其他好玩的新穎節日如下：

妝藝大遊行Chingay Parade

新加坡最大的街道遊行和街燈活動，1月或2月舉行。

世界名廚峰會
World Gourmet Summit

世界知名的名廚，在為期兩

週的活動裡，來到新加坡大展身手，4月中，請參考官網。

新加坡國際藝術節
Singapore International Festival and Art

新加坡最大的國際藝術節，為期5週，聚集國際頂尖藝術家，包含了音樂舞蹈、劇場，還有世界級最新最盛大的表演活動，5月到6月初。

新加坡熱賣會
Great Singapore Sales

新加坡年中最大的折扣活動，所有購物商場以及品牌皆在此時舉辦促銷，6月底到7月。

新加坡美食節
Singapore Foods Festival

為期1個月的新加坡美食節，和美食相關活動，7月。

F1新加坡大獎賽車季
Grand Prix Season Singapore

每年9月為期3天，新加坡的市區變身為方程式賽車的比賽場地，每晚的演唱會都請來國際知名巨星開唱。除了比賽會場外全島皆有相關慶祝活動，熱鬧非凡。

🔗 www.visitsingapore.com.cn/festivals-events-singapore/

跟著新加坡網紅遊星國～

最新最夯的新加坡玩樂首選

想要知道這個月又開了哪些新餐廳？這個月最火的活動？打卡勝地？最佳拍攝景點？打開社交網站軟體Instagram看新加坡在地網紅準沒錯，不管是業配還是最新景點，當地網紅總是搶先看，比當地新聞媒體都還快速的第一線資訊，網紅觀點總有不一樣的驚喜和新發現。

新加坡觀光局

 visit_singapore

　更新最新最好的拍攝景點一手資訊來這裡看看準沒錯。

SETHLUI

 sethluicious

　知名團隊介紹新加坡最新的美食資訊。

Dr Leslie Tay

 ieatishootipost

　早期的新加坡美食部落客之一，新加坡醫生Dr Leslie Tay對平價的小販中心美食以及新加坡在地小販文化保存有著無比熱情，出版過4本美食暢銷書也主持過節目，介紹新加坡好吃好玩的祕密

景點，擁有10萬粉絲與超過1,500篇的美食分享，秉持的純分享不業配，在他的IG裡可以找到許多巷子內的美味小販美食。

8 Days Eat

 8days_eat

　美食雜誌。提供了許多連新加坡當地人都不知道的最新美食訊息，不知道該去哪裡吃的，來IG上晃晃找點子吧。

EATBOOK

 eatbooksg

　公平公正的新加坡美食介紹團隊，探店後的心得都很中肯誠實，如果喜歡詳細文字記述也可以參考他們的官方網站。

搭地鐵玩遍
新加坡

Singapo

圖片提供／新加坡觀光局

如果你對新加坡的印象還停留在井然有序、無聊乏味、執法嚴謹、沒有人身自由，那不得不說，新加坡其實變化得比想像中快得多，這裡已經變成亞洲最具有國際觀的城市國家了！乾淨的環境、良好的治安、穩定的政治等各方面考量，讓新加坡連續幾年蟬聯「最適合亞洲外派居住的城市」榜首。

除了優質的生活環境，好玩有趣，是新加坡每年吸引龐大觀光客造訪的原因。2008年新加坡開始舉辦了世界第一場夜間F1賽車比賽，開啟了世界第一大的摩天輪，2009年有了烏節路新地標ION，2010年開了東南亞最大的賭場，以及日本以外、亞洲第二個環球影城。全年無休的國際藝文活動，無論是短期旅遊，或是長期居住，都能讓人感受到活力無限的多元城市面貌。

圖片提供／新加坡觀光局

印象1：悠遊花園城市　　　　　16
印象2：族群大熔爐　　　　　　18
印象3：米其林美食聯合國　　　20
印象4：新加坡必訪地標　　　　22
新加坡人氣伴手禮　　　　　　24

悠遊花園城市

作為缺乏自然資源的新加坡，經過多年努力而成為名副其實的「花園城市」，無論在建築和街道上，都讓人感受到綠意盎然。而這些建築並非只有外表看起來種植了許多植物那麼簡單，而是在建造時就將綠建築(Green Building)的概念融入，進而達成節能減碳、平衡生態等目標。2005年新加坡建設局推出綠建築標章(Green Mark)，等級分為合格級(Certified)、黃金級(Gold)、黃金頂級(Gold Plus)和白金級(Platinum)。更展望在2030年時，新加坡80%的建築都能符合綠建築標章的目標。

CapitaSpring
金凱源中心
DATA

http www.capitaland.com/content/dam/sites/capitaspring/index.html ✉88 Market St., Singapore 048948 💲免費入場

CapitaSpring是新加坡市區的最新地標，這是一棟高280公尺51層樓的大樓，座落於萊佛士坊車站旁。建築的頂樓51樓是空中花園，也是目前新加坡最高的免費觀景台，可以環繞360度看見各個角度的新加坡。另外它也是新加坡

最高的城市農場，為同一層樓的高級餐廳提供了食材來源，可說是從農場直接到了餐桌。而大樓的17～20樓也設有花園，提供了不少室外座位，採光非常優良且提供插座使用，不少上班族會坐在這裡的戶外空間辦公。

CapitaSpring內有大量的綠地，其62%的植物都是種植本地植物，有助改善棲息地，希望可以為恢復物種盡一份力。該建築榮獲2018年綠建築標章(Green Mark)白金等級獎項。

Jewel
星耀樟宜
DATA

http www.jewelchangiairport.com ✉新加坡樟宜機場 💲免費入場

被觀光客打卡無數次的星耀樟宜，讓人印象最深刻的莫過於那巨大的室內瀑布雨漩渦和環繞四周的森林谷，這壯觀的景象背後其實也暗藏了綠建築的祕密。雨漩渦是全世界最高的室內瀑布，高40公尺，屋頂的設計可收集雨水並加以濾化再利用；森林谷部分木頭板凳則是利用星耀樟宜原址停車場的樹所製作而成。

星耀樟宜外圍是由9,000片特殊構造的玻璃層板所組成，這種玻璃層板能減少太陽熱能滲透進建築內，但又能讓自然光線照射進室內以

確保植物都能正常生長。該建築榮獲2020年綠建築標章黃金頂級獎項。

PARKROYAL COLLECTION Pickering
遊賞去處
皮克林賓樂雅酒店
DATA

http www.panpacific.com/en/hotels-and-resorts/pr-collection-pickering.html 📍3 Upper Pickering Street, Singapore 058289 🅿️空中花園僅開放住客使用

路過牛車水區域，你絕對會看見這棟不容忽視的飯店，這裡是皮克林賓樂雅酒店，擁有15,000平方公尺的4層樓高空中花園，是新加坡綠建築的代表之一。開放空間的概念引進了大量的自然光

線，客房外的走道走的是自然通風路線，這樣一來就降低了冷氣的需求。景觀區域則有多個集水口可搜集雨水，進而拿來作為飯店清潔使用。頂樓設有小型農場，提供了飯店內的餐廳食材。飯店也提供房客免費腳踏車，鼓勵旅客以腳踏車進行觀光，更進而達成減碳。該建築在2012年榮獲綠建築標章白金等級獎項。

Supertree Grove

遊賞去處
擎天樹
DATA

http www.gardensbythebay.com.sg/en/things-to-do/attractions/supertree-grove.html 📍濱海灣花園內 💲免費入場

濱海灣花園內最顯眼的景點非擎天樹莫屬，這18顆巨型擎天樹讓人彷彿來到另外一個星球。如果仔細觀察，很明顯的可以看出每一棵樹其實都是一座垂直的花園，這裡一共孕育了200多個品種、162,900株的植物。

在樹的頂端裝設太陽能板，收集太陽能並將

(以上圖片提供/皮克林賓樂雅酒店)

新加坡4大印象

印象①悠遊花園城市

其轉換為擎天樹夜晚燈光。擎天樹本身也有收集雨水的功能，這些水則用於灌溉使用。該區域在2023年榮獲綠建築標章白金等級獎項。

Our Tampines Hub
淡濱尼天地

DATA

✉1 Tampines Walk, Singapore 528523　💲免費入場

Our Tampines Hub是東邊淡濱尼區域的大型社區活動中心，裡頭包含了社區聯絡處、足球場、運動中心、小販中心、餐廳、超市、圖書館，還有許多公家單位入駐非常便民。在建造時就以生態延續性和節約資源等方向著手，有部分建材是用舊淡濱尼體育場拆掉後的材料回收再利用。

頂樓花園設計為公共小菜園，現在已種植了50多種的蔬果類，義工們會輪流來照顧植物，這樣一來更拉近了鄰里間人與人的互動，而採收的蔬果會分配給需要的家庭。建築整體的室外空間非常多，講究空氣循環多利用自然風，降低電力的使用。該建築榮獲2017年與2020年的綠建築標章白金等級獎項。

族群大熔爐

新加坡印象2

新加坡的基本人口包含：七成多華裔，一成半馬來裔、接近一成的印度裔，和其他歐亞裔。要讓不同民族的人和諧地生活在一片土地上，不是件容易的事，就連國定假日也得顧及各種族的重大節慶來設定。每年7月21日是新加坡的種族和諧日，紀念1964年時新加坡所發生的種族暴動事件，以此提醒種族和諧的重要性，尊重彼此的宗教信仰並團結一致。而這四大種族在新加坡各有不同的歷史與發展區域，旅客可實際走訪這幾個區域，會有不同收穫。

China Town

華裔 ## 牛車水

牛車水是個光走在街道上，都能感受到幾分歷史痕跡的地方。街道巷弄內時不時會看見立牌訴說著當時的歷史，還有雕像在一旁，彷彿將時空拉到過去。如果好好花時間細品這個地區，可能要耗上一整天。這裡最早是華裔移民的集中地，在1822年英國人萊佛士制定第一個城市規畫時，就將此地定為華裔的居住區。當時這一區沒有可飲用的淡水，於是住民需要去安祥山(Ann Siang Hill)和史必靈街(Spring Street)一帶的井來挑水，形成了路上滿是牛車

載水的景象，因而得名。而現在在安祥山仍留下了一口古井，作為牛車水的歷史見證。

印度裔 小印度
Little India

小印度對於觀光客來說不外乎就是體驗印度氛圍、吃道地印度薄餅、到慕達發購物中心買紀念品，但其實這個區域早期並不是印度人聚集地，而是歐洲人。在1840年代，許多歐洲人為了此地的賽馬場而居住在這裡，這個區域開始蓬勃了起來，另外這裡位於實龍岡河的沿岸，與牛有關的貿易也開始盛行，這類的貿易多半是由印度人參與。此後印度移民漸漸向這區移居，龐大的印度人口更造就了其他與印度相關的生意。小印度這個地名是到1980年代才被正式使用，更推出了3條小印度歷史走道指南，讓旅客可以親自走訪。

http̣小印度歷史走道指南：www.roots.gov.sg/places/places-landing/trails/little-india-heritage-trail-Serangoon-in-the-1900s

馬來裔 甘榜格南
Kampong Glam

馬來西亞人與馬來人有什麼不同？這是許多旅客的疑問。馬來西亞人包含了馬來人、華人、印度人和其他少數民族；而馬來人則以回教徒居多，大多分佈在馬來半島、印尼、新加坡、汶萊等地。

甘榜格南是梧槽河河口的小漁村，在馬來語裡Kampong有鄉村的意思，而Glam則指的是在這個區域常見的格南樹，可用於造船也可製成藥物。1822年萊佛士將此劃分給了馬來人、阿拉伯人和武吉士人(Bugis)，進而發展成以馬來文化傳統為主體的區域，這裡有知名的蘇丹回教堂和充滿異國情調的街道，若想要進一步了解甘榜格南可參考官方製作的3條歷史走道。

http̣甘榜格南歷史走道指南：www.roots.gov.sg/nhb/kampong-glam-heritage-trail

歐亞裔 加東
Katong

歐亞裔佔新加坡的總人口數不到1%，但仍在新加坡的歷史中佔有重要的地位。歐亞裔指的就是歐洲人與亞洲人的後裔，19世紀前葡萄牙人是最早來到新加坡並與當地女性通婚的，接著則是荷蘭人、英國人，他們通過貿易或傳教前來，但他們的後代出生在這片土地，也讓歐洲文化與亞洲文化有了新的連結。加東這個區域除了豐富的娘惹文化，也是早期歐亞裔集中居住的其中一個地區，歐亞人文化館也坐落在此。文化館內詳細展出歐亞人的起源和歷史，以及現在活躍於新加坡的新一代歐亞後裔。

http̣歐亞人文化館：www.eurasians.sg

米其林美食聯合國

米其林指南中的必比登推介(Bib Gourmand)每年都會選出不少性價比較高的店家，這些餐廳或小販讓人不用花大錢也能嘗到美食。新加坡歷年來被選出的店家各有千秋，可以從入選的店家看出新加坡的多元文化完整體現在食物中。這裡的美食融入了各種民族的特色和傳統烹飪手法，經過時光、歷史的淬煉，與鄰近國家食材巧妙地融合在一起，品嘗美食的同時也可以了解新加坡多元民族的移民歷史。許多店家樸實無華的攤位背後，常常都有令人驚嘆的故事。如果你對吃很有興趣，不妨跟隨必比登推介的餐廳，踏上一段美食之旅。

 Jian Bo shui kueh

中式料理 **健柏水粿**

DATA

✉30 Seng Poh Rd., #02-05, Singapore 168898 (中苔魯市場內)

水粿是廣東潮汕的傳統小吃，在新加坡及馬來西亞都很普遍。不少人覺得水粿與碗粿相似，但最大的不同應該在於水粿的料是另外製作，而碗粿則是將料與米漿一起蒸煮。健柏水粿的創立者王先生於1958年從潮州來到新加坡，並開始在中苔魯市場販售水粿。這裡的菜脯特別香，特製的辣椒醬也是不少人的最愛。

 Ah Heng Curry Chicken Bee Hoon Mee

中式料理 **亞王咖哩雞米粉麵**

DATA

✉531A Upper Cross St., #02-58, Singapore 051531 (芳林熟食中心內)

新加坡的咖哩雞可算是娘惹料理，看似一道單純的料理但其實用料很講究，不可缺的雞肉、馬鈴薯和豆卜外，更以多種香料與椰奶烹煮而成。在各大熟食中心都有賣咖哩雞的攤位，經濟實惠且等待時間短，是上班族午餐的最佳選擇。亞王咖哩雞米粉麵就只販售咖哩雞一種商品，不用怕會陷入選擇困難，只要決定搭配細米粉、粗米粉或黃麵即可。如果想一次體驗不同口感，也可點「米粉麵」兩種混合。

 Ann Chin Popiah

中式料理 **安珍薄餅**

DATA

✉335 Smith St., #02-112, Singapore 050335 (牛車水大廈內)

薄餅福建話唸做Popiah，是源於福建一帶的美食。薄餅與台灣常見的潤餅相似，但在新加

坡的薄餅較少放肉類且會在餅皮上塗上甜醬、辣椒醬和大蒜醬。從前多在春天才享用薄餅，因為春天是蔬果較充足的季節，但現在則成為日常的輕食選擇。安珍薄餅創辦人Lim Kam Chwee先生在1940年代從福建移民到新加坡，他以做苦力及小販助手維生，一直到1958年從一台手推車開始了安珍薄餅的故事，憑藉著好手藝，安珍薄餅漸漸做出口碑，而他的後代更將這美食延續，在新加坡擁有好幾間分店。

The Coconut Club
馬來料理 **椰子俱樂部**

DATA

269 Beach Rd., Singapore 199546

椰漿飯(Nasi Lemak)是經典的馬來料理之一，香米以椰漿和香蘭葉浸透煮成，另外炸江魚仔、花生、黃瓜片、荷包蛋與辣椒醬缺一不可，最後再選擇搭配炸雞翅、魚片或烏達(Otah)。許多人認為椰漿飯的精髓在於飯本身，而有些人則覺得是辣椒醬。椰漿飯的辣椒醬採用的是參巴辣椒醬，這種辣椒醬製作的過程較為複雜，使用的原料和比例每間店都略有不同，也因此不少人會覺得辣椒醬才是美味的重點。椰漿飯通常於熟食中心販售，價位親民但相對地用餐環境不是非常理想，也有不少人選擇外帶回家。但椰子俱樂部打破了這種既定印象，用心設計的用餐環境和優質的服務，再

配上精緻的擺盤，讓人感受到「原來我也能在這樣的環境好好享用椰漿飯」。

Springleaf Prata Place
印度料理

DATA

1 Thong Soon Ave., Singapore 787431

來新加坡絕對不容錯過印度煎餅(Prata)，在小販中心或購物中心美食街裡都有它的蹤影。油麵糰搓揉滾成餅狀以後，在鐵板上煎到酥脆，其實很像少了蔥的蔥油餅，一般可以搭配咖哩醬汁沾食，或者是沾糖粉吃。另外有賣印度煎餅的店，通常也會有夾料的印度煎餅(Mutabak)，一般有蔬菜、雞肉、羊肉、沙丁魚等口味。 Springleaf Prata Place雖然販售著印度傳統美食煎餅，但卻有創新大膽的想法並加以實現，每年都會推出一道新的煎餅口味，與不同國家的料理做結合或甚至將巧克力融入其中。這也是讓常客們想不斷造訪的原因之一。

Allauddin's Briyani
印度料理

DATA

6665 Buffalo Rd., #01-232 & #01-229, Singapore 210665 (竹腳中心內)

黃薑飯(briyani)原文為波斯語，如果有看過寶萊塢電影的話，常會看見印度人在節慶時大家圍坐一起用手吃著黃薑飯的場景。這間餐廳是由Shaikallauddin Mohamed先生在1968年創立，現在已經逐漸由第三代接手管理，這裡的黃薑飯雖然稍微貴一點，但份量多且美味，仍然吸引許多顧客前來光顧。

新加坡必訪地標

濱海灣金沙酒店空中花園
Marina Bay Sands® SkyPark

世界知名建築：在57樓的空中泳池游泳一邊俯瞰新加坡全景，絕對是令人難忘的回憶。附近的濱海灣金沙購物中心(Marina Bay Sands)，聚集了所有頂級米其林餐廳，以及各國精品門市，享受一站式的美食購物樂趣。

▶ 速翻 P.98

濱海灣藝術科學博物館
Art Science Museum

水上蓮花：於濱海灣旁，彷彿坐落在池邊的巨型蓮花，除了固定展外不定期有特別展，可參考官網。

▶ 速翻 P.96

烏節路 Orchard Road

新加坡購物天堂：新加坡最大的購物區，主要購物中心都聚集在此，綠蔭大道到了假日人潮洶湧。

▶ 速翻 P.32

克拉碼頭 Clarky Quay

歐風小海港：新加坡最著名的夜生活區，過去曾是碼頭倉庫，如今搖身一變成為越夜越美的河畔景點。

▶ 速翻 P.120

新加坡環球影城
Singapore Universal Studio

新加坡最大主題樂園：位於聖淘沙名勝世界內，周邊景點多適合全家出遊。

▶ 速翻 P.192

馬里安曼興都廟
Sri Mariamman Temple

古老印度廟宇：最具代表性，也是最古老的印度興都廟，位於牛車水中國城旁，可脫鞋入廟參觀。

▶ 速翻 P.128

魚尾獅公園 Merlion Park

必拍吉祥物：來到新加坡沒來魚尾獅象前，隔空對位留影一下，好像沒來過新加坡一般。

▶ 速翻 P.67

蘇丹清真寺 Sultan Mosque

回民風俗：新加坡馬來文化的代表建築物，回教信徒的聚集場所，每天固定時間膜拜儀式在此舉行。

▶ 速翻 P.159

圖片提供／新加坡觀光局

濱海灣花園 Gardens by the Bay

未來感的城市花園：匯集科技及自然打造出來的未來景象，在夜晚造訪也可感受到天空樹牆的震撼。

▶ 速翻 P.184

星耀樟宜 Jewel Changi Airport

連接樟宜機場第一航廈：24小時開放，13.7平方米的室內遊樂園，有著全世界最大的室內瀑布。

▶ 速翻 P.176

新加坡人氣伴手禮

出國總免不了帶點特別的伴手禮餽贈親朋好友或是自己留念，除了機場免稅商店的高價禮品，其實在旅遊逛街途中，就有很多值得順手購買的特色小物，既不貴又能代表當地的特色。在旅行的尾聲時走一趟超市，或是提早抵達機場超市採購些特色小物，準備好禮既輕鬆又省事。

鹹蛋口味炸魚皮 | 價格約10元

各種鹹蛋料理一直是這幾年竄紅的新加坡魚皮零嘴，一開始由幾位年輕人開始創業，用多利魚的魚皮做成的零嘴，現在多間廠商不同品牌都相繼推出類市商品，在各大商場以及機場麵包店也可以隨手帶的特色伴手禮。

鮑魚泡麵 | 價格約4.95元

新加坡各類風味泡麵種類眾多，而且泡麵都還進階，此為這幾年在海外火紅的豪華版泡麵。打開這包泡麵，裡面真材實料地給了2顆鮑魚喔！在各大超市可以找到。

百勝廚叻沙快煮麵 | 價格約3元(包)

喜歡新加坡的叻沙，不妨帶泡麵與醬料回去做吧！分量十足的快煮麵，比一般泡麵的分量更大，而且居然很貼心地做了全麥快煮麵，是連有健康意識的人都無法拒絕的美味！

肉骨茶湯料 | 價格約2元

喜歡吃肉骨茶不妨買茶包回去煮，因為烹調簡單，只需要加入肉骨和茶包一起煮，就能輕鬆煮出充滿撲鼻胡椒香的肉骨茶。肉骨茶種類眾多，有整片中藥藥材，材料通通看得清清楚楚，也有已經將中藥才磨成粉方便快速烹煮的，喜好因人而異，首推此款，是眾多親友喝過後最受歡迎的肉骨茶湯料(ILC Trading)。

TWG茶葉禮盒 ｜價格不等

圖片提供／新加坡觀光局

新加坡品牌茶葉，經營茶葉貿易歷史悠久，加上包裝精美選擇眾多的各種調味茶，很受觀光客歡迎，是體面的送禮選擇。另外有西點以及巧克力咖啡等禮品。在金沙購物中心有專櫃。

旺咖椰醬 ｜價格約5元

新加坡有多處分店的旺咖啡(Wang Cafe)，和亞坤吐司類似，要是喜歡這裡的咖椰吐司，在一般超市像是Fair Price等都可以找到旺的咖椰醬，價格親切。

斧標驅風油(3毫升裝) ｜價格約1.3元

在藥妝店或是幕達發(Mustafa)24小時購物中心可以找到，新加坡製造的斧標驅風油，適合用於頭痛或蚊蟲叮咬，醒腦提神，從大瓶裝到小至3毫升的迷你瓶都有，適合一次購買分送親友。

班蘭戚風蛋糕 價格約20元

娘惹風味烘焙店Bengawan Solo，在主要購物中心及機場都有分店，最受觀光客歡迎的伴手禮就是班蘭戚風蛋糕(Pandan Chiffon)，行李多的旅客直接在機場購買較為方便。或是班蘭起司卷(Pandan CheeseRoll)也很受歡迎，約13.8元。

小吃料理包 ｜價格約2元

料理包品牌種類繁多，深受觀光客歡迎的百勝廚，除了自用的小包裝，也有適合送人的盒裝。料理方式簡單，就連不常料理也可以輕鬆上手。

萊佛士飯店手工咖椰醬 價格約20元

新加坡早餐特色之一就是咖椰吐司，咖椰醬在各大超市都可以找到，其中最受歡迎、送禮又體面的，就是萊佛士飯店的手工咖椰醬。比一般零售品牌清爽，適合不喜歡太過甜膩的人。飯店土產店的員工也會貼心地用紙袋、泡泡綿包裝，以防在行李內碰撞破損。另外新加坡司令醬，也是特色受歡迎的土產之一。

加坡風味餅乾 價格約30～40元，依口味變更

這幾年來很受歡迎的風味手工餅乾The Cookies Museum，除了精美的包裝還有各節慶使用的禮盒。有趣的新加坡風味餅乾包括新加坡薏米水、辣椒螃蟹、沙嗲、榴槤等口味。

25

新加坡
地鐵快易通

暢遊新加坡，從認識地鐵開始

對新加坡這個約台北1/3大小的城市國家來說，地鐵算是最便利適合旅客的遊玩方式了。人口組成多元的新加坡，連地鐵站的站名告示也包含了4種官方語言：英語、華語、馬來語和泰米爾語，加上新加坡華人普遍會說的方言，廣東、福建話(台語)，這樣便利的語言環境，就連不諳英文的長青族都能輕鬆自由行。新加坡地鐵普遍和購物中心聯結，通常熱鬧的地方就在地鐵出口處，這樣遍及全島的設計，只要一張地鐵圖和地鐵卡，就可以輕鬆的全島走透透！

新加坡地鐵自1987年開始通車，是東南亞繼馬尼拉輕軌鐵路後，第二個地鐵系統，分別由新加坡地下鐵路公司(SMRT Trains Ltd)及新地鐵營運(SBS Transit)，為了讓人民充分利用大眾運輸工具，目前還在不斷擴大範圍興建中。

分為6大主線，紅色的南北線(North-South Line)、綠色的東西線(East-West Line)、紫色的東北線(North East Line)、黃色的環狀線(Circle Line)，及藍色的濱海市區線(Downtown Line)和咖啡色的湯申-東海岸線(Thomson-East Coast Line)。旅客可搭乘地鐵至大多數的景點。

另外3個通往住宅區的輕軌系統，為南北線上的武吉班讓輕軌系統(Bukit Panjang LRT)和東北線的盛港(Sengkang LRT)和榜鵝輕軌系統(Punggol LRT)。地鐵地圖請參考SMRT網站。

http journey.smrt.com.sg/journey/mrt_network_map

▲ 地鐵內的電子告牌顯示著，車子將在幾分鐘後進站

南北線

南北線(North South Line) 包含了26個站，是新加坡最早開通的地鐵線，在西部和東西線交接，在中部和環狀線交接，南部和東西線相接，構成大環狀的地鐵路線，觀光必去的景點像是烏節路(Orchard)、索美賽(Somerset)、多美歌(Dhoby Ghaut)、政府大廈(City Hall)和萊佛士坊(Raffles Place)都在此線上。

東西線

東西線(East West Line)從最東的樟宜機場開始，到最西邊的工業區裕群，和另外3條支線交接，可以充分表現新加坡不同民族文化的幾個經典站都在這裡，像是馬來村和娘惹色彩豐富的巴耶利峇(Paya Labar)、中國新移民及華人聚集的阿裕尼(Aljunied)、寺廟則有清真寺、富有中東異國景致的武吉士(Bugis)、歐美小酒館和辦公大樓林立的丹戎巴葛(Tanjong Pagar)。

環狀線

新加坡的第四條地鐵，全程貫穿新加坡精華區域的環狀線，從多美歌(Dhoby Ghut)到濱海灣(Marina Bay)共30個站，全長35.5公里，總行程約1小時。環線連結了其他路線高流量的地鐵站，如政府大廈、多美歌、濱海灣和港灣站。環狀線第六期工程計畫在2025年完成，到時共有33站，將會把所有環狀線車站串連在一起。

東北線

東北線(North East Line)從最北邊的榜鵝站(Punggol)，到東南邊的海港區站(Harbourfront)。帶來強烈印度色彩視覺衝擊的花拉公園(Farrer Park)和小印度(LittleIndia)，中國城斗車水(ChinaTown)和媲美歐洲海港般浪漫、河畔兩旁滿是餐廳酒吧的克拉碼頭(Clarke Quay)。

濱海市區線

濱海市區線(DowntownLine)一共34站，從武吉班讓(Bukit Panjang)到博覽(Expo)。

湯申-東海岸線

湯申-東海岸線(Thomson-East Coast Line)是目前新加坡地鐵最新的路線，全線駛於地下，採無人駕駛系統。目前可從北邊的兀蘭通過市區烏節直達知名景點濱海灣花園站。全線尚未完工，仍有多個車站會陸續開通。

輕軌系統

輕軌系統(LRT)是連接在主線上的環狀輕軌，通到住宅區內，乘客以當地居民為主，有南北線上的14個站的武吉班讓輕軌系統(Bukit Panjang LRI)，和14個站東北線的盛港(Sengkang LRT)，以及15個站的榜鵝輕軌系統(Punggol LRT)。

▲地鐵南北線，為新加坡地下鐵路公司營運

▲地鐵湯申-東海岸線納比雅站月台

新加坡地鐵購票通

新加坡的地鐵已不再販售單程車票，旅客選購車票有3種選擇。分別為遊客通行卡(Singapore Travel Pass)、易卡通(EZlink)/萬捷通卡(NETS FlashPay)、感應式信用卡。

新加坡地鐵購票通

新加坡地鐵公司推出的遊客通行卡(Singapore Travel Pass)：一日卡22元、兩日卡29元、三日卡34元(以上價格含10元押金可退費)，旅客可以不限次數的搭乘地鐵和巴士，使用完後可在地鐵票務櫃檯拿回卡裡的10元押金。新加坡雖然是物價高昂的國家，但公共交通收費卻相對親民，如果不是一天需要搭乘多趟或長距離的地鐵，建議可以先稍微計算一下每日車資再考慮是否購入通行卡，畢竟市區很多景點步行即可抵達，可能一整天只需要搭兩、三趟地鐵。

🌐 thesingaporetouristpass.com.sg/type-of-passes

易卡通(EZlink) / 萬捷通卡(NETS FlashPay)

易卡通和萬捷通卡類似台灣的悠遊卡和一卡通，由不同公司推出但功能大同小異，都是可以搭乘地鐵和公車的儲值卡片。旅客可在機場地鐵櫃檯或市區7-11購買易卡通，一張卡費10元，卡片裡包含不可退的卡片工本費5元和車資5元。

旅客在離開新加坡之前若想要拿回易卡通裡面的餘額，可到地鐵站的票務櫃檯辦理。樟宜機場的票務櫃檯服務時間為早上8點到晚上9點，若來不及退卡想留做下一次使用，也須注意每張卡片有使用期限5年。

🌐 www.ezlink.com.sg

現金或信用卡儲值

Step 1 將易通卡平放在讀卡處

Step 2 螢幕會自動出現餘額和儲值方式

Step 3 選擇下方的Cash或右邊信用卡選項(NETS是新加坡當地銀行所發行提款卡的付款方式)

Step 4 將紙鈔放入送鈔處/將信用卡放置在卡片感應區(每次加值最少為10元)

Step 5 讀取到金額後，選擇OK

Step 6 此時機器正在儲值，請不要移動卡片

Step 7 螢幕顯示存取金額後，表示儲值完成，此時可拿取卡片

感應式信用卡 / 金融卡

若不想煩惱車票餘額拿不出、一次得儲值10元用不完、車票還有過期的疑慮，其實只

A.易卡通放置處 / B.紙鈔插入口 / C.信用卡感應處

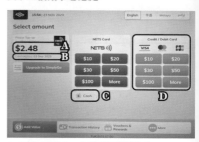

A.卡片餘額 / B.卡片使用期限 / C.現金加值 / D.信用卡加值

要用一張信用卡就能搞定。新加坡居民現在多以感應信用卡或Apple Pay搭乘大眾交通，這樣一來就大大減少了排隊儲值票卡的時間和人力。

以下為外國旅客使用信用卡搭乘地鐵/公車應注意的事項：

1. 請確保信用卡/金融卡為感應式卡片
2. 卡片需開通海外刷卡功能
3. 地鐵出入站/公車上下車請使用同一張卡
4. 避免多卡交疊，以免感應錯誤
5. 國外發行的卡片會被收取一天0.6元的手續費

6. 銀行海外刷卡手續費請洽詢各發卡銀行

7. 若使用金融卡請確保帳戶裡有足夠金額

8. 若使用的是Mastercard，車資會在累積5天或金額達15元時結算一次（以這兩個條件較早者為準）。若使用的是Visa則是每日結算。

搭乘地鐵停看聽

旅客在出發前可先在新加坡觀光局官網下載地圖，或是手機App如「Singapore MRT and LRT offline」，到達新加坡後也可在機場索取地圖。

有了手機APP或地圖在手，新加坡的地鐵路線便一覽無遺，每條線的各站各有編號，在各線路交會站的部分則會標明兩個站號，例如政府大廈站(City Hall)便會標示NS25/EW13代表南北線的第25站，同時也是東西線的第13站。

新加坡的地鐵標誌詳細，對於旅客規畫行程來說非常容易，共6條路線且車站站名有中英文標示，清楚明瞭的指標與路線，有任何需要協助的地方也可以詢問站務人員，華人站務人員多半會講中文，不用擔心會有語言上的障礙。

■ 注意營運時間

新加坡的計程車費用加成前和台灣差距並不大，但在尖峰時間(週一～五06:00～09:30；每日18:00～24:00)加成25%，凌晨到早上6點間加成50%，這樣算起來就比台灣還要貴得多，對於精打細算的背包客，若是可以掌握住電車時間，可以省下不少交通費用。

新加坡的地鐵從早上5點半起到凌晨1點結束，要查詢每個地鐵站最早及最晚班次，出發前可在各站出入口處查看時間表看板，或是先上網查詢。

🔗 journey.smrt.com.sg/journey
（可點選MRT→Station Info→First & Last Train來查詢始班末班車時間）

■ 地鐵站四不

以重罰出名的新加坡，當然地鐵也不例外地有它的規定，切記入境隨俗，千萬不要以身試法。在地鐵內飲食罰500元，攜帶酒精等揮發易燃性物品罰5,000元，抽菸罰1,000元，說起來都是一般規定。比較特別的是，禁止攜帶榴槤！沒說罰金多少，看在大家都有共識的分上，榴槤請先吃完再上車吧！

■ 實用交通APP

多種方便使用的手機APP，可以幫助旅客在移動中更加順暢，另外也可以先上官網下載地圖。

規畫路線：Citymapper

包含了公車、地鐵、輕軌和渡船、甲處到乙處不同的交通方式、時間以及所需金額，好處是連下一班的公車和地鐵時間都很精準，可依照個人所需規畫交通路線。

🔗 citymapper.com/singapore

叫車：Grab

叫車系統Grab收購了東南亞Uber，成為新加坡最主要的叫車系統，除了單獨叫車還有共乘選擇，下載App後綁信用卡認證。尖峰時段叫車會加成，但比起在路邊攔車，經常一車難求的狀況要方便多了。

🔗 www.grab.com/sg

叫車：CDG Zig

這是計程車公司ComfortDelGro的叫車系統。雖然是計程車，但也有固定車資的選項，旅客可自行看情況來選擇。帶135公分以下小朋友旅行的家長，可多利用計程車叫車，因為計程車不會受到兒童座椅的限制。

SG Buses

新加坡地鐵雖然可以讓旅客到達大部分的景點，但也有部分景點需要倚靠公車才能抵達。搭乘新加坡的公車難度稍高，車上沒有語音提醒站名，且許多小站很容易就讓人錯過，下載公車專用的APP除了可以了解公車路線外，還能知道公車抵達的時間。

搭地鐵玩遍
新加坡

SMRT

Singapo

在對新加坡文化以及地鐵都有基本認識以後，請大家帶著雀躍的心情跟我一起上路探險去！無論是攜家帶眷、背包旅遊、或是情侶度假，相信都能在以下的5條主線上，不同風格、民族風情裡的地鐵站裡，找到適合自己的遊玩景點，趕快跟著我的腳步，一起體驗與眾不同的新加坡私房路線吧！

新加坡地鐵分站導覽

南北線 North South Line　　　32
環狀線 Circle Line　　　74
東北線 North East Line　　　110
東西線 East West Line　　　146
湯申-東海岸線
Thomson-East Coast Line　　　178
新加坡近郊景點　　　190

圖片提供／濱海灣金沙酒店　　　　圖片提供／濱海灣金沙酒店

南北線
North South Line

購物狂的享樂朝聖天堂

烏節站
Orchard (NS22)

大巴窯站 Toa Payoh	諾維娜站 Novena	紐頓站 Newton	烏節站 Orchard	索美塞站 Somerset	多美歌站 Dhoby Ghaut	政府大廈站 City Hall
NS 19	NS 20	NS 21	NS 22	NS 23	NS 24	NS 25

← 裕廊東站
Jurong East (NS1)

濱海市區線
(DT11)

湯申-東海岸線
(TE14)

東北線 環狀線
(NE6) (CC1)

東西線(EW13)

濱海南碼頭站 →
Marina South Pire (NS28)

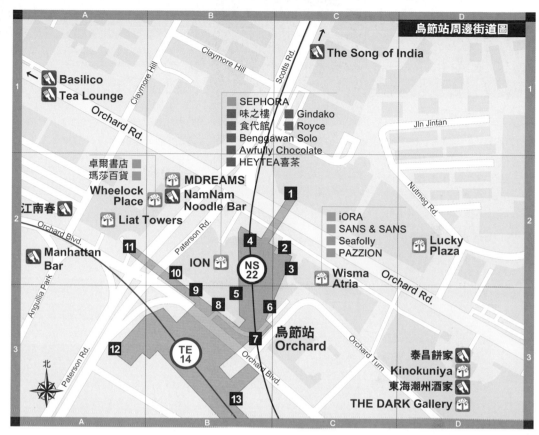

烏節站周邊街道圖

新加坡最具代表性，並且讓遊客印象深刻的據點之一莫過於烏節路，滿是購物商場、百貨公司的綠蔭大道，充分說明了新加坡人的休閒娛樂，以及外國觀光客來新加坡的主要訴求。可別小看新加坡這主要的購物商圈，平日的烏節路除了蜂擁而至的購物人潮，更不經意透露了新加坡這個新移民國家的特殊文化。

外派太太們血拼之餘享用悠閒下午茶的百拉宮(Paragon)；白天是辦公大樓的豪杰大廈(Orchard Tower)，入夜後竟成為各國小姐招攬人氣的特殊紅燈區；每每有著夾腳鞋群眾大排長龍的高島屋LV專賣店；青少年購物聚集地的遠東購物中心(Far East Plaza)；一到假日便成為菲律賓女傭們聯誼最佳場所的幸運商業中心(Lucky Plaza)。

一出地鐵站即可看到新加坡合法路邊攤冰淇淋Uncle的烏節站，除了是購物天堂，更是各色族群生活舞台的縮影。

新加坡達人 *Singapore*
3大推薦地

作者最愛
Beyond The Vines

非常有自己風格的新加坡品牌，價位適中顏色與款式相當多，是新加坡年輕人的愛牌，兼具美觀與實用性。(見P.38)

觀光客必訪
SEPHORA

喜歡歐美美妝品牌的男女，不管自用或是送給朋友，皆可以在這裡找到適合的美妝用品，不定期有小包裝試用品贈送。(見P.37)

在地內行推薦
ION 購物中心

集結齊備精品以及首度進攻的國際品牌為一的ION，是國外觀光客的血拼必敗勝地！(見P.35)

購物血拼

The Zall Bookstore

卓爾書店

DATA

MAP P.33 / A2

出口5
步行約2分鐘

http www.facebook.com/zallbookstore ✉501 Orchard Rd., #01-02/#02-18, Wheelock Place, 238880 ☎(65)232-7549

在實體書店漸漸減少的現在，卓爾書店選擇在繁華的烏節路上開幕，提供給這個步調稍快的城市另一個喘息的空間。書店內7成為華文書籍，並設有閱讀座椅，不定期舉辦展覽和座談會，成為市區中新的藝文空間。由於店內設計風格獨特不像一般傳統書店，因此吸引不少旅客前往拍照。

時尚精品購物中心

ION

購物血拼

DATA

MAP P.33／B2

出口4
步行約1分鐘

🌐www.ionorchard.com 📧2 Orchard Turn, ION Orchard
📞(65)6238-8228

2009年正式開幕的ION，可說是未開幕先轟動，光是新穎突出的外型，在施工時期就已讓人引頸期盼，同年更因為獨特的零售概念，使其建築設計獲得亞洲國際房地產大獎(MIPIM Asia)。集結了國際精品以及初次進入新加坡的品牌，占地66平方英呎，超過320間商店，幾乎讓所有熱門品牌齊聚一堂，省卻以往到烏節路，總要跑好幾個不同購物中心才可以把喜歡的品牌一網打盡的狀況，加上首次進駐的新品牌不少，因此到此一遊總有意想不到的驚喜。

烏節路的最高點則在ION SKY位於56樓的觀景台，從218公尺高空下360度俯視新加坡，於ION消費滿50元的旅客可免費參觀，另有多媒體影音秀，介紹過去的烏節路景象到如今的購物天堂。

1各大小品牌都可以在這裡一次購足 **2**外觀新穎的ION，是烏節路上最明亮的地標 **3**地鐵站就在ION的下方，和地鐵站出口處只有一線之隔，也難怪隨時都是人潮

Marks & Spencer

瑪莎百貨

購物血拼

DATA

MAP P.33／A2

出口5
步行約2分鐘

🌐www.marksandspencer.com/sg 📧501 Orchard Rd.,
#01-01, Wheelock Place, 238880 📞(65)6733-8122

英國知名的百貨公司，目前在新加坡有7間分店，主要販售服裝、居家用品和食品。在這裡你可以看見許多從歐洲進口的商品，瑪莎百貨自有品牌的食品也很有名，就算只是逛一逛也很有趣，像是身處在英國的商場一般。打折季時常會有意想不到的優惠。

威士馬購物中心
Wisma Atria

購物血拼

DATA

MAP P.33 / C2
出口3
步行約3分鐘

http www.wismaonline.com ✉435 Orchard Rd. ☎(65)6235-8177

在ION還沒開幕之前,威士馬購物中心也是購物人潮主要集中地,現在,雖然人潮少了點,不過還是有許多沒有重複的品牌,如FOREVER NEW、iORA、SANS & SANS、Seafolly、PAZZION等,都是ION所沒有的品牌專櫃。美食街的選擇眾多,攤位高達60個,假日時常常一位難求,建議先找到位置後再去點餐。

新加坡的國民品牌
CHARLES & KEITH

購物血拼

DATA

MAP P.33 / B2
出口1
步行約3分鐘

http www.charleskeith.com ✉在ION內(P.35),#B3-58 ☎(65)6238-3312

新加坡在地品牌CHARLES & KEITH,在本地的售價幾乎是國外的一半,因此成為國外觀光客必敗的品項之一,目前在新加坡約20間分店,幾個主要的購物中心都可以看到它的蹤影,各類鞋款加上折扣季,從20～60元不等,皮包等配件等價格也非常親民,若是當時的分店沒有需要的尺碼,也可以請店員詢問其他分店是否有存貨,分店多、調貨方便,因此CHARLES & KEITH的魅力,讓平常不隨便買鞋的女生們都容易手滑。

換匯小提醒

觀光客眾多的地區、購物中心或商場,甚至路邊都有國際換匯窗口,接受台幣、美金,及各種亞洲貨幣的匯兌。店家分布頻繁,如果要換匯的金額較大,不妨先貨比三家,詢問不同的換匯金額匯率來作比較。

購物血拼

紀伊國屋書店全東南亞最大

Kinokuniya

MAP P.33 / D3
出口3
步行約6分鐘

DATA

🌐www.kinokuniya.com.sg ✉391 Orchard Rd., Takashimaya Shopping Centre 📞(65)6737-5021

位於高島屋內的紀伊國屋書店，占地43,000平方英呎，是全東南亞最大的書店，藏書來自世界各地，除了主要的英文書籍，占地不小的中文和日文書籍區，也有部分德文、法文藏書。店內有電子藏書搜尋器，用來查詢書籍位置十分方便，或是洽詢客戶服務專櫃。另外若是運氣好，在日文區的角落還可以找到未索取完的免費日文生活月刊，提供新加坡新鮮好玩的報導及當地新聞。

1若要購買這裡沒有進的書，可以安排訂購，只需加部分郵寄費用 2位於義安城，高島屋樓上 3太雅銷售的旅遊書也可在此看到

購物血拼

蒐購台灣沒有的美妝用品

SEPHORA

MAP P.33 / B2
出口1
步行約2分鐘

DATA

🌐www.sephora.sg ✉在ION內(P.35)，#B2-09 📞(65)6509-8255

法國的連鎖美妝用品店，有彩妝用品、香水、男女清潔保養用品等，除了自家品牌以外，專櫃醫美系列種類豐富，許多台灣沒有設櫃的品牌可在這裡一網打盡，常來的人可以辦理會員卡，會不定期送小包裝試用品。受女性歡迎的彩妝品牌如Urban Decay，Naked系列眼影盒和可以當眼影用的各色眼線筆是Urban Decay的熱賣彩妝用品。

特色美食

適合全家用餐的日式洋食
Ma Maison

MAP P.33 / D3
出口3
步行約6分鐘

DATA

✉ Ngee Ann City, 391 Orchard Rd., #B2 (Takashimaya Food Hall)
📞 (65)6738-1111

　　已有40多年歷史的Ma Maison是知名的連鎖日式洋食餐廳，在日本、新加坡和馬來西亞都有展店，價格合理且菜單種類相當豐富，餐廳內布置溫馨，適合全家人或同事聚餐，漢堡排、炸豬排和蛋包飯都是人氣的選項。平日午餐約20元左右就可以享用包含湯、沙拉、主餐和飲料的套餐，相當經濟實惠。

特色美食

健康平價的越南菜
NamNam Noodle Bar

MAP P.33 / B2
出口11
步行約4分鐘

DATA

🌐 namnam.net ✉ Wheelock Place, 501 Orchard Rd., #B2-02 s238880(Orchard) 📞 (65)6735-1488

　　越南裔的老闆從小因為全家移民到丹麥，在家裡卻堅持保有家鄉傳統烹調，有了多年飯店餐飲經驗的他，回到新加坡來開設這間越南餐廳，目前在新加坡共有4間分店，持續增加中。除了越南河粉及各式麵條，這裡還有越南的街邊小吃「法國長棍三明治」。經過改良以後，這裡堅持不用味精，要讓顧客享受到健康、平價、快速的越南小吃，另外經典的越南甜品也很受歡迎。

(圖片提供 / NamNam Noodle Bar官網)

購物血拼

年輕人喜愛的品牌
Beyond The Vines

MAP P.47 / A1
B出口
步行約5分鐘

DATA

🌐 www.beyondthevines.com ✉ 391 Orchard Rd., #B1-42/46 Takashimaya Shopping Centre, Ngee Ann City, Singapore 238872 📞 (65)8777-1810

　　新加坡本地的服飾與配件品牌，由網路商店起家，現在在新加坡擁有6間實體店面，亦是不少海外遊客必逛商店之一。Beyond The Vines的風格相當簡約，他們的設計哲學為大膽創造、簡單設計，可以從單品的色彩看出他們的創意和理念。最暢銷的單品是色彩鮮豔的水餃包，尺寸由小到大相當齊全。商品價位中等，買來當做給親友的紀念品也不錯。

特色美食

TAI CHEONG BAKERY

泰昌餅家

MAP P.33／D3

出口3
步行約5分鐘

DATA

🌐 www.taicheong.com.sg 🏠 391 Orchard Rd., #B2 Takashimaya Food Hall 📞 (65)8223-1954

　　1954年從香港開始，以獨家鬆軟的蛋塔出名，紅到新加坡的港式傳統糕餅店，2016年先以攤位在新加坡大葉高島屋試水溫，受到肯定後3個月，便在大葉高島屋開了這間以外帶為主的分店，波蘿包和酥脆的雞肉派也是人氣招牌之一，成為新加坡當地人最喜愛的中式糕餅店之一。另外在荷蘭村一站則是餐廳分店，以老香港茶餐廳的方式呈現，餐廳風格精緻。

特色美食

Taste Paradise

味之樓

MAP P.33／B2

出口1
步行約3分鐘

DATA

🌐 www.paradisegp.com/cn/brand-taste-paradise 🏠 在ION內(P.35)，#04-07 📞 (65)6509-9660 💲 35～100元

　　第一間位於中國城的分店在2006年開店後，立刻引起廣大迴響，吸引了不少忠實老饕，ION的分店不負眾望維持水準以上，以廣東料理為出發點，合併中西創意。店內最受歡迎的料理像是石鍋鮑翅，熱石鍋裝盛的鮑魚翅可以維持20分鐘以上的溫度，加上培根大蒜做的脆皮捲沾食著吃。另外像是北京片皮鴨，和各式港式點心都是別出心裁又受歡迎的項目。

　　位於ION的精華店面，打造出中國皇室的復古華麗氣氛，內有適合容納少人數的幕簾包廂，提供了適度的私人空間，寬敞華麗的空間設計，有別一般港式飲茶餐廳所有的喧譁擁擠，也成為追求精緻美食的商務客或貴婦們下午茶的最佳選擇。

1 2 3 圖片提供／味之樓

39

新加坡四季酒店的星級餐廳

江南春

米其林年度評鑑
2019一星

DATA

🌐 www.fourseasons.com/singapore/dining/restaurants/jiang_nan_chun ✉️190 Orchard Blvd., Singapore 248646 📞 (65)6831-7220 💲100～150元／人

　　在2018年榮獲米其林一顆星評鑑。主廚林漢添以二十幾年的頂級中餐館經驗，過去曾帶領澳門餐廳Altira於2017年摘下一星，回到新加坡也不負眾望，不到一年立刻被米其林評鑑肯定。以江南料理為出發點，加上粵菜的巧思，招牌咕咾肉使用西班牙伊比利豬著重於甜、酸、鹹味，口感，表現多汁而酥脆。油亮橙紅色肉塊，裹上味道芳香的醬汁後油炸，細薄外層裹著多汁肉塊，再搭配上自製糖薑，為每一口增添暖暖的香辣味，酥脆的外皮即使放在桌上許久，依然酥脆多汁。

　　招牌甜點杏仁糊的原料也不簡單，比較多種杏仁品種及產地，因美國南杏甜，中國北杏苦，適當比例配對每天現磨，75分大火，45分小火，才做出的養顏美容杏仁糊。招牌叉燒肉的醬汁原料使用廣東陽江產黑豆豉自製醬料和玫瑰露酒和薑蔥以及糖，多層次醃製的叉燒，肉口後先甜後鹹。

　　餐廳內陳設也由江南好山好水為出發，優雅的用餐環境成為商務客以及家族聚會的最愛。

East Ocean Teochew Restaurant
特色美食

東海潮州酒家

DATA

🌐www.eastocean.com.sg 📧391 Orchard Rd., #05-08/09 📞(65)6235-90
88 💲港式飲茶20～30元

在新加坡相當受到當地人歡迎的潮州餐廳，每週六、日10:00
起提供港式飲茶點心，被新加坡食客評論為新加坡最好吃的點心
之一，建議提早訂位，若是在週末中午用餐時間來，需要排隊。
最受歡迎的莫過於奶黃包，一口咬下濃郁奶黃從口裡流出來，是
人氣點心之一，以及裡面夾著叉燒的腸粉、波蘿包和蛋塔也常有
生意太好，賣完下回請早的狀況，其他像是蘿蔔糕或千層糕也是
受歡迎的點心。

Food Opera
特色美食

食代館

DATA

在ION內(P.35)，#B4-03/04 📞(65)6509-9118 💲4
～10元

全新加坡最華麗的美食街，不同於其他大食代
分店的古早味路線，ION的大食代走的是華麗路
線，高調的水晶燈，仿動物標本高掛在牆，不時
還更換行動藝術作品。提供了一般美食街選擇多
樣的道地小吃，一邊還有不斷繞場的香港飲茶推
車和涼水推車，要一網打盡新加坡著名小吃，來
這裡就對了，華麗裝潢設計、平價消費，也因此
總是一位難求。

特色美食 新加坡風味甜點的代表

Bengawan Solo

MAP P.33／B2
C出口1
步行約3分鐘

DATA

🌐 bengawansolo.sg ✉ 在ION內(P.35)，#B4-38
📞 (65)6238-2090

　新加坡各地都可以看見的連鎖傳統糕點，不知不覺已經變成新加坡風味甜點的代表，然而，Benggawan Solo卻是由一位嫁來新加坡的印尼女士所開始，各式色彩豐富的粿和精美包裝的糕點，也成為分送給國外友人的新加坡馬來風味伴手禮的熱門選擇。不過馬來甜點普遍口味偏甜，其中像是新加坡式鳳梨酥和杏仁酥，是較受台灣人歡迎的選擇。

特色美食 以大人偏好製作的精緻巧克力

THE DARK Gallery

MAP P.33／D3
出口3
步行約6分鐘

DATA

🌐 thedarkgallery.com ✉ Ngee Ann City, 391 Orchard Rd., #B2-29 📞 (65)6935-2603 💲 約5～12元/人

　如果你跟我一樣熱愛甜食，但又極為挑剔地討厭死甜，喜歡帶點苦味濃度高的黑巧克力，這間店絕對不能錯過，以黑巧克力為出發點，以不同產地不同特性的可可豆，搭配其他元素襯托出每個產地可可的特性，人氣甜點有百分之80的黑巧克力冰淇淋，高濃度可可的苦味帶點冰甜口感，非常巧妙融合在一起的大人口味。人氣甜點The Frozen S'mores(約10元)，方形棉花糖內外表被噴槍燒到焦黃，一刀劃開鬆軟棉花糖，裡頭竟是純度80%的黑巧克力冰淇淋，分量大，建議兩個人一起分享。

　琳瑯滿目的選擇，從黑巧克力到牛奶巧克力各式甜點，有選擇困難的也不擔心，Single Origin Chocolate Pastries (約16元)是聚集了4種一口甜點的試樣拼盤，一次可吃到4種只用單一產地的巧克力甜品。

特色美食　摩洛哥華麗咖啡廳

Bacha Coffee

MAP P.33 / C1
出口1
步行約5分鐘

DATA

✉在ION內(P.35)，#01-15/16 ☎(65)6363-1910

　　源自於摩洛哥的Bacha Coffee是近幾年新加坡的熱門咖啡廳之一。華麗的裝潢和金光閃閃的包裝，吸引了不少路人的目光，讓人不禁想進入店裡一探究竟。Bacha Coffee採用100%阿拉比卡咖啡，由超過35個咖啡生產國收成，讓品嘗咖啡能成為環遊世界的另類體驗。店內除了咖啡外還有販售可頌及其他甜點，新加坡限定的咖椰可頌極具特色。

1 2 圖片提供／吳家萱

特色美食　巧克力蛋糕專賣店

Awfully Chocolate

MAP P.33 / B2
出口1
步行約3分鐘

DATA

🌐www.awfullychocolate.com ✉在ION內(P.35)，#B4-50 ☎(65)6884-6377 💲6寸原味巧克力蛋糕42元、切片蛋糕8.9元起

　　新加坡知名的巧克力蛋糕專賣店，一開始從最簡單濃郁巧克力蛋糕開始，最受歡迎的莫過是6寸和8寸的巧克力原味蛋糕，另有巧克力香蕉和巧克力萊姆櫻桃，這幾年陸續增加了其他巧克力甜品像是杯子蛋糕、布朗尼和生巧克力。

特色美食 道地義大利傳統美食

Basilico

MAP P.33 / A1
出口7
步行約13分鐘

DATA

http www.hilton.com/en/hotels/sinodci-conrad-singapore-orchard/dining/basilico ✉ Level 2, 1 Cuscaden Rd. ☎ (65) 6725-3232 $ 以下價格未含稅與服務費及飲品：平日午餐68元／人；每日晚餐98元／人；週末早午餐Buffet 128元／人。請參考官網價格

　　自助餐可以說是新加坡人的最愛之一，除了5星級大飯店裡的International Buffet，新加坡烏節康萊德酒店(Conrad Singapore Orchard)裡面的Basilico義大利餐廳提供了不一樣的精緻選擇，由主廚Angelo Ciccone親自控管設計菜單的義大利Buffet，只有在每個週末中午提供。

　　或許是因為3位廚師及餐廳經理都是義大利人的關係，就連小細節也很講究，從義大利進口番茄，到搭配沙拉的橄欖油就有20幾種義大利原產，若是不知道怎麼選擇，也可以請服務人員推薦，或是選擇餐廳特調過的Dressing，加上不同產地的起司和搭配沾醬，來到這裡就像是走進義大利傳統市集般，道地義大利傳統美食和讓女孩子想要放聲尖叫的甜點吧更是不能錯過的理由之一。平日晚餐則是Semi-Buffet，除了主菜單點以外，提供一樣前菜選擇如起司、沙拉、海鮮冷盤和時蔬以及每日一湯，和最重要的甜點吧。餐廳生意很好，建議先上網或電話訂位。

特色美食 全球最佳酒吧第三名

Manhattan Bar

MAP P.33 / A2
出口7
步行約13分鐘

DATA

圖片提供 / Manhattan Bar

http www.hilton.com/en/hotels/sinodci-conrad-singapore-orchard/dining/manhattan ✉ Level 2, 1 Cuscaden Rd. ☎ (65)6725-3377 $ 以下價格未含稅與服務費：週日自助早午餐不含香檳198元／人；週日自助早午餐含香檳238元／人

　　位於新加坡烏節康萊德酒店(Conrad Singapore Orchard)2樓，是亞洲Top1最佳酒吧，服務以及多樣創新的調酒就不用說了，每天下午到7點來這裡點調酒，會附上熱起司三明治，不定期舉辦主題夜晚活動。最特別的是週日12:00～15:00的大人雞尾酒早午餐，是新加坡唯一限成人，不可帶小孩的早午餐。6種調酒和無限暢飲啤酒與葡萄酒，自助早午餐餐區也特別講究，**海鮮區**－從緬因龍蝦，生蠔到炙燒北海道干貝，**肉區**－由威士忌入味的戰斧牛排和小羊排，以及**甜點與水果區**。最著名的是血腥瑪麗吧，眾多調味還有培根和酸黃瓜，新鮮莓果及薄荷葉，可依造自己喜愛的調配方式打造血腥瑪麗，美式風格少不了的奶昔吧也是異曲同工，各類甜點水果隨選，千萬別不好意思從甜點吧挑自己喜歡的蛋糕餅乾打在一起試看看。

特色美食

經典的3層英式下午茶

Tea Lounge

DATA

MAP P.33 / A1

出口7
步行約13分鐘

www.hilton.com/en/hotels/sinodci-conrad-singapore-orchard/dining/tea-lounge ✉Lobby Level, 1 Cuscaden Rd. ☎(65)6725-3245 💲以下價格未含稅與服務費：週末下午茶72元／人

另外在新加坡烏節康萊德酒店(Conrad Singapore Orchard)1樓的Tea Lounge，提供每週末下午茶Buffet，所有的點心都是這裡法國甜點師傅的精心傑作，最具代表性的現烤司康(Scone)，除了甜點也有沙爹等其他鹹茶點品，如果有吃素或無麩質飲食需求者可提前3天預訂，餐廳備有素食和無麩質的專門菜單。親切的服務態度和講究品質的下午茶點，很受太太以及商務客的歡迎。

特色美食

路邊攤販冰淇淋車

Ice Cream Uncle, Antie

MAP P.33 / B2

地鐵出口
隨處可見

新加坡井然有序的街道規畫下，幾乎沒有路邊攤或流動攤販，真要找，大概就屬烏節路這一區的冰淇淋Uncle了。不分週末平日，人潮擁擠的時段，你一定會看到三三兩兩的冰淇淋Uncle，大搖大擺的騎著冰淇淋車停到人行道上就定位，為了光明正大在人行道做生意，他們還得經過審核，拿到執照的成為合法路邊攤，價位1.5元。

南北線
North South Line

商場林立的異國美食殿堂

索美塞站
Somerset (NS23)

諾維娜站
Novena
NS 20
←裕廊東站
Jurong East (NS1)

紐頓站
Newton
NS 21
濱海市區線
(DT11)

烏節站
Orchard
NS 22
湯申-東海岸線
(TE14)

索美塞站
Somerset
NS 23

多美歌站
Dhoby Ghaut
NS 24
東北線　環狀線
(NE6)　(CC1)

政府大廈站
City Hall
NS 25
東西線(EW13)

萊佛士坊站
Raffles Place
NS 26
東西線(EW14)
濱海南碼頭站→
Marina South Pire (NS28)

索美塞站周邊街道圖

距離烏節路地鐵站僅約1公里，完美步行距離內的索美塞站，延續烏節路「血拼天堂」的美譽，購物商場百貨林立，多了些較隱密的餐廳和酒吧，瘋狂購物之餘也可以輕鬆找到許多獨特的餐廳休息。2009年底相繼新開的兩間購物中心，313@Somerset和Mandarin Gallery也進駐了許多原本新加坡沒有的新品牌和餐廳。

新加坡達人 *Singapore*
3大推薦地

作者最愛
Arteasitq Social Painting & Tea

下午茶的新選擇，除了享受中西合併的3層下午茶以外，這裡的開放式畫廊，還提供了訪客來這裡畫畫的空間，一邊喝下午茶一邊作畫，畫完了帶回家，給自己留下一個特別的新加坡旅遊回憶。(見P.52)

觀光客必訪
DESIGN ORCHARD

想找中高價位的精緻新加坡禮品或是購買本地設計師的服裝，不妨來這走一趟，這裡集中販售新加坡原創的設計產品，介紹著設計師的創作理念及靈感。(見P.51)

在地內行推薦
Nagomi

新加坡這個不夜城，在半夜想吃什麼幾乎都有，偏偏道地日式料理難找，隱身在Cuppage Plaza的無菜單餐廳卻是饕客午夜的好去處。(見P.53)

圖片提供 / Nagomi Pte. Ltd.臉書

遊賞去處 ‧ DATA

來這獲得旅遊第一手消息
新加坡旅客服務中心

MAP P.47 / C2
C出口
步行約1分鐘

http www.visitsingapore.com ✉ 216 Orchard Rd., orchardgateway@emerald, Singapore 238898
📞 (65)6736-6622

新加坡旅客服務中心除了提供第一手的節慶活動訊息，熱心的華裔服務人員也都會講中文，裡面有各式的旅遊廣告傳單和藝文活動訊息，若有經過此處不妨進去逛逛，工作人員都非常健談且樂於給予旅遊上的協助。

百貨公司中的圖書館

Library@Orchard

遊賞去處

MAP P.47 / C2

B出口
步行約2分鐘

DATA

www.nlb.gov.sg/main/visit-us/our-libraries-and-locations/libraries/library-orchard 277 Orchard Rd., orchardgateway #03-12, Singapore 238858

位於烏節路上orchardgateway商場中的圖書館，館內藏書以設計類為主，除了提供了舒適的閱讀環境外，也是觀光客熱門的打卡景點。圖書館入口位於商場的3樓，入口處有數位展覽區和大量雜誌，即使不是居民也可以免費進場享受閱讀的樂趣。4樓設有一閱覽區可盡享烏節路市景，是非常熱門的座位區域。

潮流精品

購物血拼

Mandarin Gallery

MAP P.47 / A1

B出口
步行約5分鐘

DATA

www.mandaringallery.com.sg 333, Orchard Rd.
(65)6831-6363

聚集眾多精品品牌的Mandarin Gallery，從獨立設計到國際知名品牌、從家具到服裝飾品餐廳應有盡有，品牌包含TUMI、Y-3、RIMOWA、MLB、Victoria's Secret等。

平價複合式商場

313@Somerset

MAP P.47 / C2
B出口
步行約1分鐘

DATA

http www.313somerset.com.sg ✉ 333, Orchard Rd. ☎ (65)6496-9313

　購物中心匯集了美食街和各式餐廳，受歡迎的中國火鍋名店海底撈在這裡也有分店。服飾用品以受歡迎的平價品牌為主，如Aape、Zara、Mango、澳洲休閒服飾品牌Cotton on等。

新加坡流行女裝

Love, Bonito

MAP P.47 / C2
B出口
步行約1分鐘

DATA

http www.lovebonito.com ✉ 313 Orchard Rd., #02-16/21, Singapore 238895

　Love, Bonito是新加坡的知名女裝品牌，專為亞洲女性設計的理念受到許多當地人的喜愛，無論是輕鬆外出的裝扮到上班族的正式服裝都可以在這邊找到。由於新加坡氣候炎熱，連身輕薄的洋裝款式非常多，中等價位很受年輕女性歡迎。

尋找新加坡設計師品牌商品

DESIGN ORCHARD

MAP P.47／C2
B出口
步行約6分鐘

DATA

🌐www.designorchard.sg ✉250 Orchard Rd., Singapore 238905 ☎(65)6513-1743

　　近年來新加坡有很多新興服裝設計師,融入了在地文化,設計出創意又時尚的服裝單品,Design Orchard的1樓陳列著新加坡當地設計師品牌的作品,從服裝布料、個性化單品到裝飾品、紀念品,想要發掘新加坡設計師品牌的人可以來這裡尋寶。這裡有許多精緻的個性禮品,2樓為共同工作的空間,3樓則為展示場地活動空間。

綠洲般的雅痞咖啡酒吧

KPO

MAP P.47／D3
D出口
步行約2分鐘

DATA

🌐kpo.com.sg ✉1 Killiney Rd. ☎(65)6733-3648

　　這棟建築物過去是郵局,2010年搖身一變成為咖啡吧,運用大量玻璃打造出來的空間,白天如同溫室般透光,如同綠洲般的被四周圍繞的綠色景觀植物包圍,一到夜晚搖身一變成為雅痞以及附近上班族來這裡聚會的酒吧之一,挑高的兩層樓空間,從吧檯到沙發坐,不同的區域有著不同的氛圍,不定期有DJ駐點播放音樂,適合三五好友或情侶來這裡小酌。

特色美食

創意畫室裡的下午茶餐廳

Arteasitq

DATA

🌐www.arteastiq.com @mandaringallery@arteastiq.com ✉333A Orc-hard Rd.，在Mandarin Gallery內，#04-14/15 ☎(65)6235-8705 💲48元／人(包含茶飲和一副壓克力畫具畫版)

位居血拼精華區，深受貴婦歡迎的下午茶餐廳Arteasitq，在2011年由於室內設計師老闆的突發奇想，在餐廳旁開設了可以一邊喝茶一邊讓人盡情發揮創意的畫室，除了餐點美味有特色外，不少情侶或三五好友都會相約來一同作畫兼享受美食。

特色美食

富娘惹風建築餐廳

Peranakan Place

DATA

🌐www.peranakanplace.com ✉180, Orchard Rd., Peranakan Place ☎(65)6738-8898 💲用餐30～40元

和Cuppage Terrace一樣約1920年代出現的娘惹建築區，Peranakan Place分為室外咖啡區、室內酒吧和傍晚開始營業的餐廳。往旁邊巷子走進去是Emerald Hill Road，屬於早期富有娘惹的住宅區，在中式建築風格下，依舊看的出過去顯赫輝煌的時期流露下的痕跡。早期建築再翻修之後，又進駐了幾間酒吧，像是美式風格的No. 5 Bar。

特色美食 | 異國風情美食區

Cuppage Terrace

MAP P.47/D1
B出口
步行約5分鐘

DATA

✉ Cuppage Rd., Singapore 229451

　離地鐵站約步行5分鐘的距離，就能來到這富有異國風情的美食區CuppageTerrace。原來是建於1920年代的娘惹風格商店屋，在翻修重新規畫之後，成為酒吧和餐廳的新聚集地，提供了一個脫離繁忙的烏節路的桃花源，除了主要餐廳外，也不少平價新加坡小吃店，Wine Connection就是一家適合三五好友用餐後續攤的品酒地點。

特色美食 | 難得一見的日式無菜單料理

Nagomi

MAP P.47/D1
D出口
步行約5分鐘

DATA

🌐 www.facebook.com/profile.php?id=100054265101921 ✉ #02-22 Cuppage Plaza, 5 Koek Rd. ☎ (65)6732-4300 💲 100～150元／人

　隱身在Cuppage Plaza內，很難想像在這裡居然有著道地的無菜單料理，主廚原在墨爾本的大型日本料理餐廳工作，十幾年前辭去工作，來到新加坡開設這間只能容納25人的餐廳。有如隱藏在東京大樓裡的老饕才知道的私廚店家，這裡的無菜單料理，由主廚每天針對最新食材精選。在深夜裡想吃道地的日本料理，來這裡絕對不會錯。此地也是許多餐廳同業，以及日本上班族下班後喜歡的聚餐場地之一。

圖片提供／Nagomi Pte. Ltd.臉書

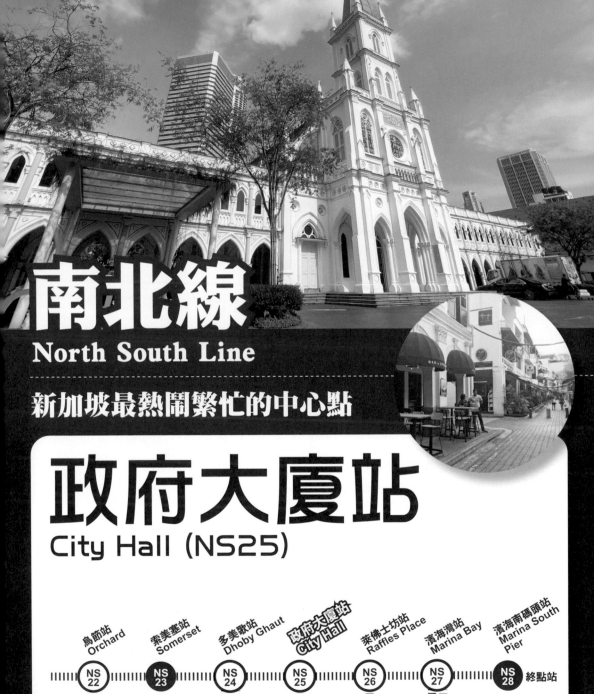

南北線
North South Line

新加坡最熱鬧繁忙的中心點

政府大廈站
City Hall (NS25)

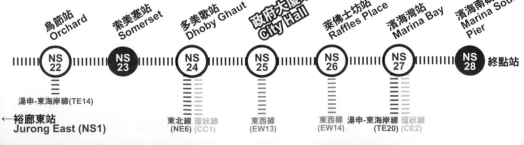

| 烏節站 Orchard | 索美塞站 Somerset | 多美歌站 Dhoby Ghaut | 政府大廈站 City Hall | 萊佛士坊站 Raffles Place | 濱海灣站 Marina Bay | 濱海南碼頭站 Marina South Pier |

NS 22 — **NS 23** — **NS 24** — **NS 25** — **NS 26** — **NS 27** — **NS 28** 終點站

湯申-東海岸線(TE14)

← 裕廊東站
Jurong East (NS1)

東北線 (NE6) 環狀線 (CC1)

東西線 (EW13)

東西線 (EW14)

湯申-東海岸線 (TE20) 環狀線 (CE2)

政府大廈站周邊街道圖

National Museum of Singapore
Kurasu
卡爾登酒店
Lei Garden 利苑
讚美廣場
萊佛士酒店 Raffles Hotel
Long Bar
Tiffin Room
土生文化館
首都凱賓斯基酒店
萊佛士城購物中心
Tip Top咖哩包專賣店
史丹福飯店 Stamford Hotel
首都大廈
Jaan
亞米尼亞教堂
NS 25
EW 13
政府大廈站 City Hall
死難人民紀念碑
半島廣場
聖安德烈座堂
福南購物中心
Nation Kitchen by Violet Oon
North
National Gallery Singapore 政府大廈

位於新加坡中央商業中心區域(Central Business District)的政府大廈站，是新加坡最繁忙的地鐵站之一，也是南北線和東西線的交叉點，如同新加坡的心臟地帶，從這裡出發到其他區域都很方便，因此不少5星級飯店也就坐落於此，儘管購物商場林立，但有別於烏節路，白天正經嚴肅的政府大廈站卻是越夜越美麗。白天莊嚴亮麗的教堂「讚美廣場」，晚上搖身一變成為酒吧美食的聚集地，而且越夜越美麗。這附近有眾多的餐飲選擇，除了米其林餐廳，大樓內隱藏版的達人咖啡、殖民時期代表性建築的萊佛士酒店，還有經過3年翻修重新於2019年6月開始營業的福南數碼生活廣場，在俐落前衛的室內設計之外，還多了文青小店室內攀岩，以及新加坡唯一的室內自行車通道。

新加坡達人 *Singapore*
3大推薦地

作者最愛
Jaan

讓人驚豔的用餐享受，從進入餐廳的那刻開始，無論是高空餐廳的視野，餐點的呈現和食材以及烹飪上的別出心裁，都讓人覺得不只是一頓飯，還是一場藝術劇場表演，約會商務絕佳選擇。(見P.62)

觀光客必訪
新加坡國家美術館

東南亞最大藝術品館藏以及不定期的主題展覽，定時現場中英文導覽，想要一次欣賞東南亞多國藝術家作品的最佳機會。(見P.58)

在地內行推薦
Tip Top咖哩包專賣店

不用大老遠跑到住宅區弘茂橋的創始老店排隊，在Raffles City Shopping Centre就可以品嘗到受新加坡人歡迎的道地炸物，加了獨門香料的娘惹牛肉咖哩包是最受歡迎的咖哩包口味。(見P.63)

遊賞去處

Capitol Singapore
首都大廈

MAP P.55 / B2
D出口
步行約1分鐘

DATA

http capitolsingapore.com ✉11 Stamford Rd., Singapore 178884

首都大廈是直通政府大廈站的整合建築，也是新加坡市中心的重要地標之一。首都大廈除了餐廳和購物外，還包含了首都劇院(Capitol Theatre)在內，劇院可容納977位觀眾，不定期舉辦各項藝文表演活動。位於1樓的餐廳憑藉著玻璃帷幕採光良好，可以享受彷彿坐在室外用餐的愜意。

St. Andrew's Cathedral
聖安德烈座堂

 遊賞去處
DATA

MAP **P.55／C3**
B出口
步行約1分鐘

cathedral.org.sg ✉ 11 St. Andrew's Rd. ☎ (65)6337-6104

位於地鐵站出口處，屬於新加坡聖公會教區之一的聖安德烈座堂，建立於1837年，1856年到1862年間重建，光從現代式的玻璃入口看過去，可能沒想到裡面藏著歷史悠久的哥德風格教堂。寬廣的庭院和莊嚴歷史意義豐富的教堂，現在也成為新人結婚的熱門場所。除了英語和華語崇拜外，還有提供福建話、廣東話和緬甸語的場次。

Armenian Church
亞米尼亞教堂

遊賞去處
DATA

MAP **P.55／A2**
B出口
步行約7分鐘

armeniansinasia.org ✉ 60 Hill St. ☎ (65)6334-0141

這是新加坡最早的教堂，也是最悠久的建築物之一，殖民時期的建築師George Coleman所建，被列為新加坡的國家紀念古蹟，重建於1835年。

MAP P.55 / C1
A出口
步行約3分鐘

古蹟的蛻變
遊賞去處
讚美廣場

DATA

http www.chijmes.com.sg ✉30 Victoria St.
☎(65)6336-1818

　　新加坡政府推廣古蹟活化，成功地將許多具有建築特色、歷史意義的古蹟完整保留下來，並且結合時事需求賦予新生命，讚美廣場也是一個成功的例子，很難聯想曾經是女修道院的讚美廣場，如今結合餐廳、酒吧、藝廊等功能呈現完全不同的風貌。1904年由神父Charles Benedict Nain設計的歌德式教堂建造完成，和廣場內的Caldwell House同在1990年被列為國家級遺產。

National Gallery Singapore

MAP P.55 / B3
C出口
步行約5分鐘

新加坡
國家美術館

DATA

http www.nationalgallery.sg ✉1 Saint Andrew's Rd.
☎(65)6271-7000

　　2015年11月底正式開幕，收藏近代東南亞和新加坡的藝術品，過去是最高法院，如今改造成為展現視覺藝術的場地，以及不定期舉辦藝術活動。

MAP P.55 / D2
A出口
步行約3分鐘

意義深遠的市區地標
遊賞去處
死難人民紀念碑

DATA

✉Bras Basah Rd.與Beach Rd.交接處

　　位於戰爭紀念公園中，此紀念碑用以紀念第二次世界大戰時因日軍占領新加坡而犧牲的人民。4根高聳的石柱有61公尺高，象徵了新加坡4大種族在戰爭期間共同經歷和團結的精神。每年的2月15日皆會在此舉辦受難者的追悼會。

遊賞去處

土生文化館
Peranakan Museu

MAP P.55 / C1
A出口
步行約3分鐘

DATA

http www.nhb.gov.sg/peranakanmuseum ✉ 39 Armenian St., Singapore 179941 $ 成人$12、6歲以下孩童免費

　經過4年的整修，土生文化館於2023年重新開放，博物館所使用的建築前身為道南小學舊校舍，設計為折衷古典風格。博物館內展出超過800件物品，讓民眾探索土生華人的起源、生活、風格以及與其他文化如何融合的故事。館內有免費中英文導覽志工，如需導覽服務需至櫃檯登記，每團上限為15人。

peranakan MUSEUM

購物血拼

福南購物中心
Funan Mall

MAP P.55 / B3
D出口
步行約3分鐘

DATA

http www.capitaland.com/sg/malls/funan/en.html ✉ 107 North Bridge Rd., Singapore 179105 ☎ (65)6970-1688

　這裡是全新加坡唯一一個可以騎腳踏車穿越商場的購物中心。福南購物中心一樓室內設有腳踏車道，讓車友們可以直接穿越，不過室內腳踏車道使用僅限早晨07:00～10:00，其餘時段需以牽車通過。

　福南購物中心內部設計相當有現代感，商店多是年輕人喜愛的品牌及愛好，巨型的室內攀岩牆也是亮點之一，吸引很多年輕人假日聚集在此。

購物血拼

政府大廈站的百貨公司

萊佛士城購物中心

MAP P.55 / C2

B出口
步行約1分鐘

DATA

http www.rafflescity.com.sg ✉ 252 North Bridge
Rd. ☎ (65)6318-0238

　　和新加坡不少鬧區的購物中心一樣
與地鐵站做聯結，萊佛士購物廣場就
在政府大廈站的正上方，絕佳的地理
位置也成為當地上班族最方便的購物
地點之一。4層樓的購物商場，包含了
精品名牌和特色餐廳，1樓設有精品名
錶店如Rolex、Chopard、Tudor，其
他知名品牌如APM、BAO BAO ISSEY
MIYAKE、BIMBA Y LOLA也都能在此
購物中心找到。餐食選擇眾多，地下1
樓有不少小吃和平價餐廳，是當地人下
班聚會時的好去處。

購物血拼

聚集東南亞風小店

半島廣場

MAP P.55 / B3

B出口
步行約2分鐘

DATA

✉ 111 North Bridge Rd.

　　和任何一個複合式大樓沒兩樣的半島廣場，其實是
在新加坡的緬甸人思鄉時的最好去處，就如同烏節路
的幸運中心之於菲律賓人一樣，這裡充滿了各式各樣
的東南亞零售雜貨店，從生活
用品到料理食材，緬甸人開的
道地緬甸餐廳，要是不經意晃
了進來，可能會有出乎意料的
發現也不一定，這裡還有東南
亞系語言學校、旅行社、緬甸
華僑開的餐廳、緬甸啤酒，甚
至日租的PS3主機，新奇古怪
的東西都可能在這裡被發現！

特色美食

港式料理排隊名店

Lei Garden 利苑

米其林年度評鑑 2023一星

MAP P.55 / C1

A出口 步行約5分鐘

DATA

🌐leigarden.hk/branch/chijimes ✉在贊美廣場內(P.58) ☎(65)6339-3822
💲以下價格未含稅與服務費：蒸點5～10元不等、特色小食6～20元不等

　1973年第一間利苑開在香港，至今在中國各大城市、香港、新加坡一共有24間分店，創始人陳樹杰先生對於食材以及餐廳品質要求嚴格，至今仍親力親為管理所有分店；各間分店以傳統廣東料理為出發點，在菜單上求新求變尋求新的創意，而在新加坡的菜單和香港以及中國其他分店略有不同。2023年新加坡的利苑再次被米其林指南手冊評比為1顆星，實至名歸，這裡早就是新加坡老饕最愛的港式餐廳之一。

　最受歡迎的菜色有冰燒三層肉，燒烤到酥脆的五花肉特選肥瘦適中的部位；港式煲湯滋補燉響螺則是最受歡迎的滋補湯品之一，每日限量需要事先預訂；招牌港式點心則如小籠包和蝦餃；蜂巢荔茸盒是由芋頭和雞碎肉以及蘑菇酥炸成蜂巢狀，讓人一口接一口；而最受歡迎的甜點是楊枝甘露和擂沙湯圓。有團體包廂，假日需要提前預訂。

特色美食

在美術館內享用娘惹美食

National Kitchen by Violet Oon

MAP P.55 / B3

C出口 步行約5分鐘

DATA

🌐violetoon.com ✉位於National Gallery Singapore
內 ☎(65)9834-9935 💲下午茶兩人份56元(不含稅)

　位於新加坡國家美術館(National Gallery Singapore)內的娘惹風新加坡料理餐廳，是奢華生活品牌MMM、也是名茶品牌TWG集團的餐廳之一，設計高雅融入娘惹多彩圖騰。新加坡娘惹料理人Violet Oon以50年料理經驗創造創新的料理，靈感來自中華馬來印度娘惹傳統，因而被選入米其林推薦名單中，輕鬆的環境適合家庭朋友聚餐。下午茶非常有特色，三層塔上擺滿著各種娘惹風點心，甜鹹交叉深具巧思創意，雞尾酒酒單也非常豐富，沒有湯的乾喇沙也非常受歡迎。

特色美食 **視覺與味覺的雙重饗宴**

Jaan by Kirk Westaway

MAP P.55／C2

A出口 步行約5分鐘

DATA

http www.jaan.sg ✉Level 70 Swissotel, 2 Stamford Rd. ☎(65)9199-9008 💲套餐價格不等，酒水另計，請參考官網

　　位於Swissôtel飯店70樓的新式英國料理餐廳，絕佳的地點讓這裡可以俯瞰新加坡景色，優雅的氣氛受商務客還有情侶歡迎。2023年榮獲米其林一星的美味創意英式餐點，多樣主廚推薦套餐，從前菜開始就讓人眼睛為之一亮，一道道無論擺盤或是食材上的選擇都可以感受到主廚設計的用心，每道餐點如同藝術品一般，在光線打照下更顯劇

場效果，來此用餐不只是一場美食饗宴，美景加上充滿創意的料理更是視覺享受，此外不定期使用當季食材變化菜單，充滿新意的料理方式，有別於傳統將英式料理提升到另一個境界。

特色美食 **品味萊佛士酒店經典下午茶**

The Grand Lobby

MAP P.55／D1

A出口 步行約5分鐘

DATA

http www.raffles.com/singapore/dining/the-grand-lobby ✉1 Beach Rd., Raffles Hotel ☎(65)6412-1816 💲以下價格未含稅與服務費：下午茶88元／人

　　萊佛士酒店是最具殖民時代特色代表性的酒店之一，1887年建立。經過兩年翻修，於2019年8月以全新樣貌呈現，英式下午茶也由餐廳移到了大廳。此地的傳統英式三層下午茶和現場鋼琴演奏很受新加坡人和旅客的歡迎。三層英式下午茶的基本是最底層放三明治，中層和上層放甜點，傳統吃法則是由下往上吃，從鹹到甜。司康要趁熱吃，所以服務人員會在客人享用完三明治後端上，吃完司康再接著品味甜點。冷熱茶飲選擇眾多，可無限量點取。飯店內共有9個用餐區，其中新加坡最具代表性的雞尾酒新加坡司令也是從酒店內的酒吧Long Bar發跡。

特色美食 DATA

在地人最愛的咖哩包

Tip Top咖哩包專賣店

MAP P.55／C2

A出口
步行約2分鐘

🌐www.tiptopcurrypuff.com ✉萊佛士城購物中心內(P.59)，又252 North Bridge Rd, #B1-55 📞(65)67344487

1979年開始的老店，最早在新加坡住宅區弘茂橋開始大受歡迎，新加坡人最喜歡的咖哩包之一，使用獨門18種香料加上馬鈴薯以及特製脆皮製成，近年開始以連鎖營運模式進駐各購物中心美食街。招牌是娘惹口味的牛肉咖哩包、沙丁魚咖哩包、雞肉雞蛋咖哩包，還有各類魚漿類炸物和起司豆腐以及椰漿飯、拉薩等馬來傳統街頭小吃。

讓人摸不著頭緒的新加坡式英文

講到新加坡，令一般遊客最難忘懷的，大概就是腔調獨特和充滿方言的新式英文(Singlish)了，不管是從電影《小孩不笨》、《錢不夠用》，都可以充分感受到新式英文所帶來的笑果和魅力。這可能是一般西方遊客最感冒的地方，明明用英文溝通講了半天，卻沒辦法理解對方真正想表達的意思，對於華人來說，新式英文也沒這麼難懂，口語的部分中文話，中間則摻雜了各式方言、馬來話和泰米爾語，像新加坡多元種族一樣。

語尾像中文一樣喜歡加上語助詞，lah、loh、leh、meh、hah、hor、ar，「No lah」、「I can do lah」、「Too expensive lah」。疑問句語法則像中文一樣「Go shopping, can or cannot？」(可以不可以)「Do you like it or not？」(喜歡不喜歡)買東西的時候店家可能問你「Can？」(行嗎？)新加坡式的回法是「Can！」(行！)回答起來道地，可能折扣也多一點喲！不妨觀察一下周圍的新式英文，大剌剌又直爽的講話方式，雖然聽起來土了點，時而卻噴飯般的有趣。

南北線
North South Line

世界級金融重鎮區

萊佛士坊站
Raffles Place (NS26)

圖片提供／新加坡觀光

| 烏節站 Orchard | 索美塞站 Somerset | 多美歌站 Dhoby Ghaut | 政府大廈站 City Hall | 萊佛士坊站 Raffles Place | 濱海灣站 Marina Bay | 濱海南碼頭站 Marina South Pier |

NS22 — NS23 — NS24 — NS25 — NS26 — NS27 — NS28 終點站

湯申-東海岸線 (TE14)

← 裕廊東站 Jurong East (NS1)

東北線 (NE6) 環狀線 (CC1)

東西線 (EW13)

東西線 (EW14) 湯申-東海岸線 (TE20) 環狀線 (CE2)

萊佛士坊站周邊街道圖

- The Arts House
- 亞洲文明博物館
- 富麗敦酒店
  - 富麗敦酒店免費歷史導覽
  - 玉樓餐廳JADE
- 魚尾獅公園
- 四川豆花飯莊
- EW 14 / NS 26 萊佛士坊站 Raffles Place
- The Arcade
- CapitaSpring
- The Fullerton Bay Hotel
  - Lantern
- 老巴剎
  - Satay Street

Chulia St. / Battery Rd. / Phillip St. / Market St. / Church St. / D'almeida St. / Collyer Quay / Battery Rd. / Fullerton Rd. / Esplanade Dr. / Market St. / Robinson Rd. / Raffles Quay / Cross St. / Marina Blvd. / Marina View / Central Blvd. / Shenton Way / Boon Tat St.

北

位於新加坡中央商業區(Central Business District)的萊佛士坊，是各大銀行國際企業總部的聚集地，上班時間要是來到這個地鐵站，一定可以感受到新加坡上班族忙碌緊湊的步調。中午用餐時間一到，這個區域的餐廳美食廣場，通常也是人潮洶湧、一位難求。

走往位於地鐵站旁的新加坡河，沿著河畔的餐廳酒吧和博物館，在白天夜晚帶給這個世界金融中心完全不同的風貌，往往只是一線之隔，過了一棟大樓，就能讓人從緊張的上班生活跳脫到三五好友的餐後酒敘，也成為新加坡人最受歡迎的下班去處之一。

圖片提供／新加坡觀光局

65

3大推薦地

作者最愛
富麗敦酒店免費歷史導覽

提供給住房旅客與所有觀光客的免費導覽，經驗豐富的資深導覽員，看著過去新加坡的景色相片和如今繁華的面貌形成強烈對比。(見P.68)

觀光客必訪
老巴剎 (Lau Pa Sat)

無論是在維多利亞建築的小販中心裡聽著現場樂團演奏，或是坐在戶外沙爹街上感受辦公金融區夜晚的熱鬧氣氛，這裡的小吃是吸引觀光客必定造訪的原因之一。(見P.69)

在地內行推薦
The Arcade

這裡是新加坡人常來兌換外幣的地方，匯率通常比其他地方還要好，能兌換的幣種也很多，如果想要換錢又剛好在市區，可以來這邊比價。(見P.70)

 藝術活動場地

The Arts House

MAP **P.65 / A1**
H出口
步行約10分鐘

DATA

http artshouselimited.sg ✉ 1 Old Parliament Lane ☎ (65)6332-69 00

Robynn Yip "Live"

The Art House建於1827年，原是蘇格蘭商人John Maxwell的私人住宅，到了1875年成為高等法院，1939年成為政府倉庫、社會福利總部，1965年成為國會大樓，完整保留了殖民建築的風貌，2004年翻修過後，成為今天的The Art House，變成小型劇場、演唱會、電影放映室各類藝術活動的場地。沿著新加坡河畔旁的餐廳Timbre X S.E.A，在每天傍晚5點開始營業，現場的樂團演奏音樂也為The Art House帶來了不同氣氛。

以上圖片提供 / The Arts House

遊賞去處 Asian Civilisations Museum
亞洲文明博物館

MAP P.65 / B2
H出口
步行約10分鐘

DATA

🌐www.nhb.gov.sg/acm ✉1 Empress Place ☎(65)6332-2982 💲成人15元；小孩6歲以下免費

　在1865年建館的亞洲文明博物館，曾經是一間法院，1989年成為皇后坊博物館(Empress Place Museum)，2003年成為今天的亞洲文明博物館，有10個以上的藝廊，展覽了1,500件的歷史文物，展示橫跨5000年的亞洲文化。中文導覽說明在每週六、日的11:30和14:30各一場，若遇國定假日或特殊活動可能會取消，可先上官方網站查詢。

遊賞去處 遊客必拍的新加坡吉祥物
魚尾獅公園

MAP P.65 / C2
H出口
步行約10分鐘

DATA

✉1 Fullerton Square ☎(65)6736-6622

　魚尾獅(Merlion)是新加坡旅遊局的標誌，被認定為來新加坡不可不去的景點之一，這個半身獅子半身魚的魚尾獅是根據新加坡的傳說所設計出來的吉祥物，象徵著獅城新加坡，並且坐鎮新加坡河口守護著這個海島。來到這裡的遊客都不免在魚尾獅前留影，抓好角度，拍出魚尾獅往嘴裡噴水的姿勢。

Heritage Tour in Fullerton Hotel

富麗敦酒店免費歷史導覽

MAP P.65 / B2
H/B出口
步行約5分鐘

http www.fullertonhotels.com/fullerton-hotel-singapore/around-you/fullerton-heritage-tourss ✉1 Fullerton Square, Singapore ☏(65)6877-8078

　　富麗敦酒店提供給住房旅客與所有觀光客的免費導覽，帶人走進過去曾是郵局以及政府辦公部門的萊佛士酒店，看著過去新加坡的相片和如今繁華的面貌形成強烈對比。

　　了解了一個國家的歷史，看著新加坡獨立以後的巨大變遷，和它如今的政治立場以及國家領導人的決策，這才把所有的時事和過往歷史因果串連了起來，彷彿走了一趟時光之旅，也被新加坡導覽人員的熱情給感動。

　　在萊佛士酒店1樓的展示廳，還存放著當時英國送來的紅色郵筒，免費的明信片給旅客使用，只要在飯店櫃檯就可以購買郵票，在這裡寄出給未來的自己。

　　免費導覽可在飯店網站線上報名，每組人數限20人。

特色美食

人氣小吃街

老巴剎

DATA

laupasat.sg　18 Raffles Quay　(65)6220-2138
小販中心一般價格

　最受觀光客歡迎的小販中心之一，位於市區便捷的地理位址，維多利亞式建築和數不完的新加坡道地小吃都是老巴剎(Lau Pa Sat)的特色之一，最有名的莫過於晚上的沙爹街，位於金融中心被高樓大廈包圍的老巴剎，白天除了是上班族早餐、午餐的最佳選擇，到了上班人潮逐漸散去的晚上，旁邊的道路擺起路障，成了名符其實的路邊攤，賣沙爹的店家陳列一排，大聲嚷嚷著招攬客人，讓白天正經的金融商圈搖身一變成愜意的露天夜市。

　建於19世紀的老巴剎，在1973年被列為國家紀念碑之一，八角型的特色架構和裝飾柱是英國建築師George Coleman的設計，突出的設計富有當時的殖民建築風格，如同新加坡前國會大樓。白天來這裡感受新加坡上班族的日常，入夜降溫後來到戶外點杯喝啤酒配沙爹、新加坡式海鮮快炒等小吃，是新加坡人最喜歡的小販中心之一。

　烤肉串沙爹(Satay)算是來老巴剎一定得品嘗的小吃之一，夜晚道路封鎖以後，整條街的沙爹攤販開始到處招攬客人，每間店門口都掛上旅遊書的介紹指南，但其實各間沙爹大同小異，從羊肉、牛肉、雞肉到蝦沙爹，沾著特調的花生醬和包在香蕉葉裡的米糕和小黃瓜沙拉一起吃。由於這裡的攤位都是馬來人開的，所以沒有豬肉沙爹，點餐時特別注意這點，以免冒犯到攤位老闆。

特色美食

經典廣式料理飲茶小吃獲好評

玉樓餐廳JADE

MAP P.65／B2
H/B出口
步行約5分鐘

DATA

http www.fullertonhotels.com/the-fullerton-hotel/jade.html ✉1 Fullerton Sq., Singapore 📞(65)6877-8188 💲60～100元／人

陳設位於富有歷史意義的富麗敦酒店之中，挑高的用餐環境在2017年重新翻修更新後，除了老新加坡人依舊喜愛來此品味之外，新的設施更吸引了年輕人還有商務旅客來此造訪。

此地擁有清新高雅的中式風格，最擅長的是廣東料理。在這家餐廳，首屈一指的就是龍蝦意麵，使用緬因州空運來新加坡的生鮮龍蝦。另外，最讓人稱道的則是飲茶小吃，週末飲茶早午餐也非常受歡迎。靜謐溫暖的環境得到許多好評，寬大的空間也很適合在此舉行婚宴，在此欣然品味主廚提供的優雅中式餐點。

購物血拼

當地熱門換錢所

The Arcade

MAP P.65／B3
A出口
步行約1分鐘

DATA

✉11 Collyer Quay, Singapore 049317 📞(65)6223-0702

新加坡當地人若要兌換外幣多數人不會選擇銀行，而是去所謂的換錢所兌換。在新加坡的換錢所交易透明，都會標示當日匯率以及開立收據，就算是遊客也可以安心換

錢。The Arcade位在萊佛士坊地鐵站旁，是當地人換錢的熱門選項之一，大樓裡有10多間換錢所，可以就近慢慢比價，匯率也是在新加坡最有競爭力的地方。

特色美食

俯視新加坡河全景
Lantern

MAP P.65／C4

C出口
步行約5分鐘

DATA

http www.fullertonhotels.com/fullerton-bay-hotel-singapore
/dining/restaurants-and-bars/lanternn ✉80 Collyer Quay
(The Fullerton Bay Hotel) ☎(65)6597-5299

　　位於The Fullerton Bay Hotel樓上，可以俯視新加坡河全景，對面望是金沙賭場，是觀看夕陽以及煙火的絕佳位置，是新加坡最受歡迎的Rooftop Bar之一，多樣化輕食可供選擇，很受歐美商務旅客的喜愛。最受歡迎的輕食有迷你和牛漢堡和松露油炸出來的松露薯條，爽口的Imperial Berry Mojitos也很受女生歡迎。炎炎夏日躺在這裡的沙發床上吹風吃著輕食，暑氣也一掃而空。

圖片提供／Lantern

特色美食

可享受絕美夜景的餐廳
四川豆花飯莊

MAP P.65／C4

G出口
步行約2分鐘

DATA

http www.sichuandouhua.com ✉80 Raffles Place, #60-01 UOB
Plaza 1, Singapore 048624 ☎(65)6535-6006

　　這間位於UOB Plaza 1大樓60樓的四川豆花飯莊擁有絕佳的視野，可以眺望濱海灣及金沙酒店的美景。雖然名為四川豆花飯莊，但卻是非常正統的中式餐廳，其中以重慶辣子雞、麻婆豆腐、四川擔擔麵等相當受到歡迎。由於餐廳位在UOB辦公大樓內，用餐客人必須先搭乘電梯至38樓後再轉乘另一台電梯至60樓。

專業導遊帶隊～

騎乘探訪新加坡

對於想要深度探訪,或者造訪時間有限的遊客,參加由當地人帶隊的深度導覽最適合不過。新加坡在2019年起禁止使用電動滑板車,因此想要在短時間內以專業導遊帶隊、拜訪新加坡各區,全方位了解新加坡的文化、生活、政治,及法規和趣聞,單車和機車絕對是最適合的方式之一。

導遊必備

要在新加坡當地當導遊,必須透過一定時數的訓練,考取證照才行,學習範圍包括新加坡的歷史、各種族的文化、政治、風俗民情,甚至哪裡好吃好玩,上知天文下知地理,也確保了導遊的素質,讓旅客安心。

單車歷史導覽
Let's Go Tour Singapore Pte Ltd

http www.letsgotoursingapore.com、www.facebook.com/letsgobikesg ✉462, Crawford Lane, #01-57, Singapore 190462 ☎(65)9004-4332 💲80元 / 人

Let's Go Tour這家旅行社也有推出新加坡傳統料理課程,但單車深度導覽則包含了客製化的節慶導覽和街頭藝術導覽,最受歡迎的路線為歷史單車行。從早上08:30開始到中午12:30共4小時的路線,經牛車水與甘榜格南區,避開觀光景點擁擠人潮的時段,部分路線會是人行道和單車共享,騎乘路線安全順暢。

領隊非常的專業,除了介紹各地歷史景點,還補充許多新加坡人都不曉得的豆知識。多數行程為英文導覽,中文導覽或許可另外洽詢。新加坡籍老闆Robin同時也帶隊中文導覽,連台語也通。

在旅行社附近5分鐘腳程,有著悠久歷史的南洋古早味咖啡廳「協勝隆」,依舊堅持傳統使用炭火烘培咖啡和烤吐司。在這裡絕不能錯過濃純滑順的kopi gu you (黑咖啡加牛油)是早期新加坡勞工為了維持早晨的體力,和滋潤因抽煙和乾燥的喉嚨所發明的飲品,參加完導覽後也別忘了來這裡喝一杯。

小綿羊邊車遊
Singapore Sidecars

🌐 www.sideways.sg ✉ ride@singaporesidecars.sg
💲 依行程不同，198元起/人

原本只是英國華裔老闆個人的偉士牌收藏，在一次意外的募款公益活動中，受到熱烈迴響演變成偉士牌邊車乘坐經驗的分享，繼而開始新加坡當地的深度導覽。

搭乘邊車深度導覽的路線，白天或傍晚從1小時到3小時不等，10歲以上的兒童可乘坐。偉士牌邊車無論其到哪都是眾人注目焦點，非常適合親子同樂。《復仇者聯盟》導演安東尼·羅素(Anthony Russo)造訪新加坡時，也參加了深度導覽行程而讚不絕口。目前沒有中文皆為英文導覽。

環狀線
Circle Line

美術館、蘇丹皇室公園的散步日

百勝站
Bras Basah (CC2)

多美歌站
Dhoby Ghaut

百勝站
Bras Basah

濱海中心站
Esplanade

海灣舫站
Bay Front

寶門廊站
Promenade

尼諾大道站
Nicoll Highway

體育場站
Stadium

蒙巴登站
Mountbatten

終點站 CC1   CC2   CC3   CE1 DT16   CC4   CC5   CC6   CC7

南北線 東北線
(NS24) (NE6)

濱海市區線
(DT15)

港灣站 →
HarbourFront (CC29)

百勝站周邊街道圖

The Auld Alliance

百勝站
Bras Basah

CC
2

新加坡國家博物館

福康寧公園

新加坡國家設計中心
GLASSHOUSE

北

百勝地鐵站位於政府大廈、多美歌、武吉士3個站的中心點位置，便捷地串聯了各項生活機能。以往需要到這幾個站再步行的景點，現在更縮短了步行距離；新加坡美術館就在地鐵的正上方，新加坡國家博物館和福康寧公園，也比以往從政府大廈步行的距離來的近，再也不用擔心頂著大太陽還得走一大段路。

新加坡達人 *Singapore*
3大推薦地

作者最愛
新加坡國家設計中心
(National Design Centre)

　　2017年建立的設計中心，除本地藝術家作品、新加坡藝術史的介紹和紀錄外，1樓空間也販賣新加坡本地設計師的新創作品，和具有當地特色的文青小物，是個選特色禮品的好地方。(P.77)

觀光客必訪
新加坡國家博物館
(National Museum of Singapore)

　　於1887年成立，是新加坡最古老的博物館，開放式的空間，有著不同的主題特展，從過去到現在用不同的方式訴說新加坡的歷史文化。(見P.76)

在地內行推薦
福康寧公園

　　新加坡人最喜歡的公園之一，這裡整年不定期舉辦各類戶外活動、露天電影院、演唱會、戶外歌劇音樂會，假日公園則有不定期的導覽以及適合親子的主題活動，活動時間表請上福康寧公園官網。(見P.77)

遊賞去處

National Museum of Singapore
新加坡國家博物館

DATA

MAP P.75 / B2
C出口
步行約5分鐘

http www.nationalmuseum.sg ✉93 Stamford Rd. ☎(65)6332-3659
$成人10元；小孩6歲以下免費

　　新加坡國家博物館為新加坡最具代表的博物館之一，想要深入了解新加坡的歷史與文化，一定要來這邊走走。新加坡博物館內主要兩個的常設展為1樓的新加坡歷史館，和2樓的新加坡生活館。另外還有不定期的特別展覽，活動相當豐富。建議旅客可以參與約1小時的中文導覽，在志工生動活潑的解釋下，對原本以為嚴肅正經的國家博物館也會有不同的認識喔！新加坡歷史館每週五13:30和週六、日的11:30、13:30、14:30有中文導覽，其他特展不定期導覽可上官網查詢。

Fort Canning Park
福康寧公園

MAP P.75 / A3
C出口
步行約7分鐘

遊賞去處
DATA

http www.nparks.gov.sg　✉51 Canning Rise　☎(65)6332-1200

在14世紀曾經是蘇丹王皇宮所在地的福康寧山，現在成為歷史最悠久的公園之一，遺留著14世紀的歷史文物，順著公園步道散步彷彿走在14世紀般，公園內的香料園，是仿造萊佛士1822年在新加坡建立的實驗性植物園的縮影。公園內廣大的草地上，也常舉辦著戶外電影院、演唱會等，成為受歡迎的活動地點。在新加坡國家公園網站上，可以下載地圖，告訴你如何照著殖民時代的氣氛與歷史景點，規畫出不同的步行路線。

National Design Centre
新加坡國家設計中心

MAP P.75 / D2
A出口
步行約5分鐘

遊賞去處
DATA

http www.designsingapore.org/national-design-centre　✉111 Middle Rd., Singapore 188969

館內薈萃各類型不同設計展覽，不論是喜歡還是不喜歡設計的人，都能來此有個難忘的品味時刻。本中心的建築物擁有120年歷史，原是聖安東尼修道院，外觀古樸典雅，內部新穎未來，相當有對比性。此地還有十分吸引人的紀念品店，提供各種只有在此才買得到的設計小件，有興趣的人不妨多停留選購。

特色美食

滿布清爽綠意的咖啡屋
The GLASSHOUSE

MAP P.75 / D3

B出口
步行約3分鐘

DATA

🌐 theglasshousesg.com 📧 30 Victoria St., #01-03 Chijmes, Singapore 187996 📞 (65)6900-3237

位在讚美廣場裡，如同玻璃屋一樣的綠意清新咖啡廳，早午餐、咖啡和每天現烤的麵包點心非常受歡迎，冰釀咖啡Cold　brew非常滑順。

Kopitiam

在新加坡各個購物中心，街邊都有的連鎖美食街Kopitiam，聚集了各種代表性的新加坡小吃，如海南雞飯、港式叉燒飯、新加坡拉薩、魚丸乾麵、印度抓餅、新加坡潤捲薄餅，琳瑯滿目的選擇，加上比小販中心舒適的空調環境，是吃新加坡小吃的經濟選擇。

嚴格把關的安全美食

新加坡的美食中心、小販中心和餐廳都會有定期的衛生評比，衛生署在評比之後會給與不同等級A、B、C。一般大多為A、B級，C級的衛生署則會更加嚴格監督，超過等級不合格的店家，嚴重則會勒令停業，這樣有系統的定期審核，也更加顧及到新加坡消費者的健康。

休閒娛樂

威士忌愛好者朝聖地

The Auld Alliance

MAP P.75／C1

D出口
步行約1分鐘

DATA

✉9 Bras Basah Rd., #02-02A, Rendezvous Hotel, Singapore 189559 ☎(65)6337-2201

開門之後映入眼簾的是老闆1,000多種珍藏威士忌所組成的威士忌牆，可想而知這樣的景象被多少威士忌迷視為朝聖地之一，不止新加坡本地的愛好者，透過發達的網路和各國威士忌迷的交流，不少遠道從日本或歐洲來的客人專程來這裡拜訪。法國老闆曾經在酒類經銷商工作，由於對於威士忌的狂熱加上自己收藏決定開了這間酒吧，除了各國著名威士忌，另有香檳以及紅酒收藏。

就算不是威士忌愛好者，也可以藉由最基本款的Tasting品嘗4種不同蘇格蘭單一純麥威士忌，最特別的莫過於威士忌Due Tasting，可以品嘗同一品牌單一純麥威士忌不同年分的餘韻，像是分別為1970年和2010年出產的Glenfarclas15年威士忌。所有威士忌Tasting價格也很合理，不用花高價購買單瓶卻能品嘗其滋味。

最陳年的單一純麥威士忌是1938年出產的Mortlach，特別的是有500多種的威士忌都可以單杯品嘗，這樣親和的價格，難怪威士忌愛好者也要大老遠來這裡朝聖。

以上圖片提供／The Auld Alliance

圖片提供／新加坡觀光局

環狀線
Circle Line

悠閒的河畔美景與購物樂

濱海中心站
Esplanade (CC3)

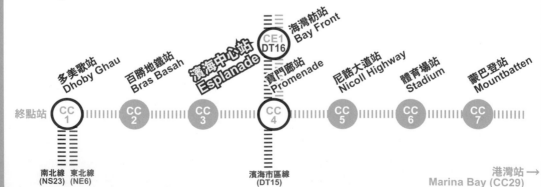

多美歌站 Dhoby Ghau		百勝地鐵站 Bras Basah	濱海中心站 Esplanade		海灣舫站 Bay Front CE1 DT16		尼詰大道站 Nicoll Highway	體育場站 Stadium	蒙巴登站 Mountbatten

終點站　CC1 ‖‖‖‖ CC2 ‖‖‖‖ CC3 ‖‖‖‖ CC4 ‖‖‖‖ CC5 ‖‖‖‖ CC6 ‖‖‖‖ CC7 ‖‖‖‖

寶門廊站
Promenade

南北線　東北線
(NS23) (NE6)

濱海市區線
(DT15)

港灣站 →
Marina Bay (CC29)

濱海中心站周邊街道圖

Beach Road Kitchen

濱海中心站
Esplanade

CC3

新達城廣場

Millenia Walk
Nihon Street

Temasek Ave.

CC4
DT15

寶門廊站
Promenade

Bangbang

濱海廣場
Cherry Garden

Summer Pavilion
夏苑餐廳

濱海小販中心
濱海藝術中心
Labyrinth
濱海購物中心
Harry's Bar
Barossa

Raffles Ave.

新加坡摩天景觀輪

Flight Experience

北

在環狀線上的濱海中心站，縮短了以往濱海藝術中心到新達城購物中心的距離，位於濱海區域的購物商圈更顯熱鬧，在假日舉辦的藝文活動和戶外演唱吸引了不少人潮，光是坐在濱海區域的人行步道區，盡收眼底的濱海景致，也能感受到新加坡閑靜自在的另一面。

新加坡達人*Singapore*
3大推薦地

作者最愛
Labyrinth

　　最適合一個人用餐的米其林星級Fine Dinning餐廳大概就是這裡了吧！打開門簾走進餐廳，燈光直接落在餐桌上，讓人享受如劇場般的用餐感受。貼心服務讓一個人用餐也變得格外享受。(見P.85)

觀光客必訪
濱海藝術中心
(Esplanade)

　　榴槤館特殊的外型除了吸引攝影愛好者取景，正在上演的藝文活動更有遊客不可錯過的精彩表演。(見P.83)

在地內行推薦
Cherry Garden

　　吃膩了甜食下午茶，美式早午餐？來東方文華的櫻桃園吃飲茶，各式廣東飲茶糕點配香檳吧，早午餐、下午茶、吃到飽只限週末，超人氣記得提早訂位。(見P.86)

購物血拼

Esplanade Mall
濱海購物中心

MAP P.81 / A4
D出口
步行約7分鐘

DATA

http www.esplanade.com　✉ 1 Esplanade Drive　☎ (65)6828-8377

　　位置和濱海藝術中心連結在一起的購物中心，從地鐵站出來後順著濱海藝術中心的指標即可到達，這裡除了各式餐廳、酒吧，更包含了一些精緻的零售店面，像是以意識形態銷售的中國茶、可愛的文具雜貨店等，靠近濱海區域的戶外酒吧和餐廳也是受歡迎的用餐地點。

Esplanade
遊賞去處
濱海藝術中心

DATA

MAP P.81 / A3
D出口
步行約7分鐘

http www.esplanade.com ✉1 Esplanade Drive ☎(65)6828-8377

由玻璃天窗和鋼構屋頂所結合，貌似榴槤的濱海藝術中心於2002年正式開幕，這個多功能的藝術中心包括了表演空間、劇場、音樂廳、購物中心、餐廳和室外表演空間，館內館外不定期的藝術表演和免費音樂欣賞，也成為新加坡人假日休閒的最好去處之一。3樓的濱海表演藝術圖書館有音樂、舞蹈、戲劇和電影4大主題區，收藏了華人、英國與新加坡等地的作品，包括5萬5千本表演藝術的藏書、樂譜、影片、劇本、唱片等。

圖片提供／新加坡觀光局

展覽特賣挖好康
購物血拼
新達城廣場

DATA

MAP P.81 / B2
A出口
步行約10分鐘

http www.sunteccity.com.sg ✉Suntec City, Singapore 038983
☎(65)6825-2669

新達城廣場(Suntec City)結合了購物中心、展場以及辦公室等多功能大樓，展場也是新加坡最主要的活動場地之一，大小展覽特賣會不斷，每年最

盛大的電子特賣會在4月開始，出發前不妨上新達成網站Event Calendar看看有什麼展覽正好在這裡舉行吧！

新達城廣場內的財富之泉(Fountain of Wealth)，目前是新加坡最大的噴泉，噴水時高達30公尺，其運用風水原理建造出來的特殊造型，也吸引了不少觀光客前往，據說邊許願邊順時針方向朝著水池走3圈，願望就能實現。

1樓有新加坡連鎖的大食代美食中心，針對每個不同分店，設計出不同的主題布置，在Suntec則布置成像哈利波特圖書館般夢幻的場景，飲茶、自助餐、豆花、炒福建麵等相同的新加坡小吃選擇，卻能營造出相當不一樣的娛樂效果。

Marina Square
濱海廣場

MAP P.81／B3

B出口
步行約7分鐘

DATA

http www.marinasquare.com.sg ✉6 Raffles Blvd.
☎(65)6339-8787

濱海廣場裡包含了攀岩場、網球場、電影院、兒童室內遊樂場等,賣場1樓的「City Tourist Hub」是觀光鴨子船(Captain Explorer DUKW Tour)的出發集合地點,該旅行社除了提供鴨子船和觀光雙層巴士的行程外,還有販售其他景點套票,在官網預購會有額外的折扣。

Makansutra Gluttons Bay
濱海小販中心

MAP P.81／A3

A出口
步行約10分鐘

DATA

http www.makansutra.com ✉8 Raffles Ave., #01-15
☎(65)6336-7025

在濱海灣旁太陽餘暉下,點著生鮮煮炒或各式小吃,誰說美食一定要高價。這個露天小販中心把熱鬧的氣氛和濱海的景致結合在一起,也難怪用餐時間來總是得等上好一會兒,無論是新加坡沙爹、魚圓麵、椰漿飯甚至辣椒螃蟹等煮炒通通在這裡,還有印度拉茶和新加坡紅豆冰(Ice Kachang)。

特色美食

感受在地美味新式料理秀

Labyrinth

DATA

米其林年度評鑑 2023一星

MAP P.81 / A4

D出口
步行約7分鐘

http labyrinth.com.sg ✉8 Raffles Ave., #02-23, Singapore 039802 ☎(65)6223-4098

位於濱海中心的2樓,新加坡主廚LG Han(韓立光)的創作靈感,來自於童年回憶及傳統新加坡料理。堅持使用新加坡生產的食材,從海鮮肉品到蔬菜香料,每道菜都來自新加坡的某個農場。很難想像土地如此狹小的新加坡,居然也有這麼豐富新鮮的食材選擇。用餐前服務人員將當日使用的食材端上,搭配新加坡地圖介紹這些食物產地,桌上有卡片訴說著每一道料理的靈感來源。這裡把新加坡料理在產地上用魔幻的方式呈現,每道料理都如同藝術品一般,除了賞心悅目,也讓人的味蕾驚喜連連。

餐廳光源的焦點都集中在餐桌上,因此就算一個人來用餐也能夠自在地享受,如同進入一個小劇場,看一場美輪美奐、拍案叫絕的新式料理秀。Pre Theatre看戲以前用餐的Menu非常受歡迎,桌數少需要提早預約。

特色美食 新加坡最好的港式飲茶

Cherry Garden

MAP P.81／B3

B出口
步行約6分鐘

DATA

http www.mandarinoriental.com/en/singapore/marina-bay/dine/cherry-garden ✉濱海廣場內(P.84)
☎(65)6885-3500

在東方文華酒店樓上的這間廣東料理，被當地人評價為新加坡最好的港式飲茶，每週六日以及國定假日，特有的飲茶早午餐和下午茶吃到飽非常受歡迎。有著豐富的酒類以及茗茶選擇，早午餐或下午茶搭配香檳也很受歐美觀光客歡迎。以廣東料理的元素，變化出不同創意料理，精緻的擺盤以及餐點設計也讓人賞心悅目。

特色美食 高級吃到飽餐廳

Beach Road Kitchen

> **MAP** P.81 / A1
> F出口
> 步行約3分鐘

DATA

www.beachroadkitchen.sg ✉30 Beach Rd., Singapore 189763
☎(65)6818-1913 ⑤平日午餐78元起、晚餐98元起，週末及節慶時價位不同，請上官方網站確認(以上金額皆未包含服務費與稅金)

這是一間位在新加坡南灣JW萬豪酒店的高級自助式餐廳，如果你是海鮮愛好者那絕對會喜歡這裡的龍蝦、螃蟹、生蠔吃到飽，海鮮陳列區如同精品店的風格，就算只是看著都覺得滿足。各式各樣的國際化料理，如中式、西式、印度料理都可以在這找到，還有可以讓客人自行選擇配料的現場烹煮叻沙。甜點的部分特別驚喜，色彩繽紛的娘惹甜點讓人每種都想嘗嘗看。

休閒娛樂 爵士音樂+精釀啤酒

Harry's Bar

> **MAP** P.81 / A4
> D出口
> 步行約7分鐘

DATA

www.harrys.com.sg ✉濱海購物中心內(P.82) ☎(65)6334-0132

這間酒吧成立於1992年，第一間設立在駁船碼頭(Boat Quay)，是附近的金融業上班族受歡迎的場所之一，後續在新加坡陸續開了許多分店，目前全新加坡有30間左右，承襲了第一間店的風格，位於Esplanade的分店也以爵士音樂和木作桌椅為主，打造出典型的美式經典酒吧風格，店內的特色莫過於Harry's品牌的精釀啤酒和瓶裝啤酒「Premium HPL Lager」，這裡也提供眾多選擇的美式餐點。

圖片提供／新加坡觀光局

環狀線
Circle Line

不可錯過的亞洲最大摩天輪

寶門廊站
Promenade (CC4)

海灣舫站
Bay Front
CE1
DT16

多美歌站
Dhoby Ghau

百勝站
Bras Basah

濱海中心站
Esplanade

寶門廊站
Promenade

尼詰大道站
Nicoll Highway

體育場站
Stadium

蒙巴登站
Mountbatten

終點站　CC1　CC2　CC3　CC4　CC5　CC6　CC7

南北線　東北線
(NS23)　(NE6)

濱海市區線
(DT15)

港灣站 →
Marina Bay (CC29)

寶門廊站周邊街道圖

Purvis St.
Seah St.
Middle Rd.
Nicoll Highway
Beach Rd.
Rochor Rd.
Ophir Rd.
Republic Blvd.

寶門廊地鐵站是環狀線和濱海市區線的轉運車站，其月台C為目前新加坡最深的月台之一，位於地下7層、深度43公尺。除了舒緩了周遭大量上班族人潮外，寶門廊地鐵站也是遊客前往摩天觀景輪、新達城的必經車站之一。

新加坡達人 *Singapore*
3大推薦地

作者最愛

Summer Pavilion
夏苑餐廳

位於麗池酒店內的廣東料理，榮獲米其林1顆星的評比，除了堅持用最好的食材並遵循廣式傳統料理方式，港式點心及主廚推薦套餐都很受歡迎，長時間熬煮的港式煲湯更是不容錯過。(見P.92)

觀光客必訪

Flight Experience

夢想當機師？想體驗在機長室裡操控飛機的感受，那就來Flight Experience看看吧。(見P.91)

👍 在地內行推薦

新加坡摩天景觀輪
(Singapore Flyer)

全亞洲最大的摩天輪，也成為最熱門的觀光景點之一，乘坐時可租借語音導覽說明，講解著所看到的著名新加坡地標。(見P.91)

亞洲最大摩天輪

遊賞去處

摩天景觀輪

MAP P.89 / D4

A出口
步行約5分鐘

DATA

http www.singaporeflyer.com ✉ 30 Raffles Ave., #01-07
☎ (65) 6333-3311 💲 成人40元；兒童(3〜12歲)25元

　　這是目前亞洲最大的摩天輪，整個摩天輪的設計搭配了風水理論，無論是運轉方向還是包廂數量，共有28個包廂，28這個數字同時象徵了榮盛興旺，高165公尺相當於42層樓高的大廈，每個包廂可乘載多達28人，繞完一圈共要30分鐘，不同時段搭乘也能欣賞到不同的新加坡美景。客廂內有免費語音導覽，透過導覽的解說，可以了解新加坡當地的建築風格和其風水設計原理。另有不同行程設計可供派對、私人活動使用。

實現你的機師夢

遊賞去處

Flight Experience

MAP P.89 / D4

A出口
步行約8分鐘

DATA

http www.flightexperience.com.sg ✉ 摩天景觀輪2樓(P.91)
☎ (65)6339-2737 💲 飛行時間30分鐘195元

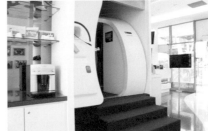

　　在新加坡摩天景觀輪2樓裡的Flight Experience，是亞州的第一個分店，讓有著機師夢或想要學習駕駛飛機的人，可以透過波音737模擬飛行來體驗。在合格機師的陪同下操作30〜90分鐘的體驗飛行，選擇自己想要飛行的路線，合格機師大多是新加坡華人，所以就算聽不懂駕駛時使用的專有名詞，也可以要求用中文解說，是個很有趣的經驗，另外還可選購DVD全程錄製自己的首航過程！

烤鴨、泡飯、煲湯讓你欲罷不能

Summer Pavilion
夏苑餐廳

MAP P.89 / C3
A出口
步行約5分鐘

米其林年度評鑑
2023一星

DATA

http www.summerpavilion.com.sg ✉7 Raffles Ave., The Ritz Carlton Hotel內 ☎(65)6434-5286 $人均約100元

位於5星飯店The Ritz-Carlton 1樓的港式餐廳，2023年列入米其林指南獲得米其林1星，華裔主廚秉持用傳統的廣式料理方式來襯托食材的原味，這裡最受歡迎的招牌菜包括可以一鴨多吃的北京烤鴨，將酥脆的鴨皮以手工蛋皮包裹加上蔥卷和特製沾醬，鴨肉則有多種料理方式可選擇。龍蝦西施泡飯是在龍蝦泡飯裡撒下炸過的米飯，酥脆的米飯和泡飯混在一起添加不同層次口感。需要長時間準備的各式廣東煲湯不容錯過，港式點心也別出心裁。

日本餐廳的集散地

Nihon Street

MAP P.89 / C2
B出口
步行約3分鐘

DATA

http www.milleniawalk.com ✉9 Raffles Blvd., Singapore 039596 ☎(65)6883-1122

位於商場Millenia Walk的2樓，由7間日本餐廳所組成，其中包含札幌Misono(拉麵)、Tomi Sushi(壽司)、勝博殿(炸豬排)、黑武士(火鍋)等餐廳。餐廳外的長廊設計成日本庭園的風格，竹林、燈籠和水池的日式造景彷彿來到了日本用餐。

購物血拼

DATA

與藝術結合的購物中心

Millenia Walk

MAP **P.89 / C2**

B出口
步行約1分鐘

http www.milleniawalk.com ✉ 9 Raffles Blvd., Singapore 039596
☎ (65)6883-1122

Millenia Walk賣場可分為兩部分：一部分為Harvey Norman 3層樓的旗艦店，1樓販售電器、2樓是家具、3樓是寢具專賣；另一部分為較多旅客會去的餐廳與商店街。Millenia Walk的氛圍有別於其他賣場，人潮比較沒有這麼多，屋頂挑高的設計讓整體空間感覺開闊不少。賣場中有幾處藝術品，其中最多人前往拍照的就是不對稱的15座金字塔，只要抬頭便會發現自己彷彿在這彩色的金字塔下方，這是由普立茲克建築獎得主Philip Johnson所設計。

Welcome to Fine City

在小販中心用餐完畢後不歸還餐具托盤至指定地點罰300元，亂丟垃圾罰1,000元，在地鐵站抽菸罰1,000元，吃東西罰500元，帶易燃物品進入地鐵站罰5,000元，電梯裡小便罰500元，就連上廁所沒沖水也罰150元，大大小小的警告和禁止標語讓人啼笑皆非，還好同一個地點也不會只有一個告示，看多了似乎也就漸漸習慣，要入境隨俗遵守這裡的規矩，新加坡嚴刑峻罰出了名，也因為這樣維持了整潔的環境和良好的國際形象，就連外國旅客來了也大意不得。

光是抽菸一個簡單的動作，在這裡可清楚劃分了可以抽菸的區域和不能抽菸的區域，2009年開始，更由原本規定禁止在室內吸菸延伸到了只能在建築物出入處5公尺以外的地方，小孩遊樂場所、運動場所、停車場、海港、市場，乍似限制重重的法令，對不抽菸卻要忍耐身旁二手菸的人而言，卻是一項保障，而新規劃出的吸菸區，也讓吸菸的人更能學習尊重身旁的人。

圖片提供／新加坡觀光局

環狀線
Circle Line

令世界驚豔的特色建築群

海灣舫站
Bay Front (CE1)

海灣舫站
Bay Front

終點站

CC 1

多美歌站
Dhoby Ghaut

CC 2
百勝站
Bras Basah

CC 3
濱海中心站
Esplanade

CE1
DT16
寶門廊站
Promenade

CC 4

CC 5
尼諾大道站
Nicoll Highway

CC 6
體育場站
Stadium

CC 7
蒙巴登站
Mountbatten

南北線 東北線
North South North East
Line Line
(NS23) (NE6)

濱海市區線
Downtown Line
(DT15)

港灣站 →
Marina Bay (CC29)

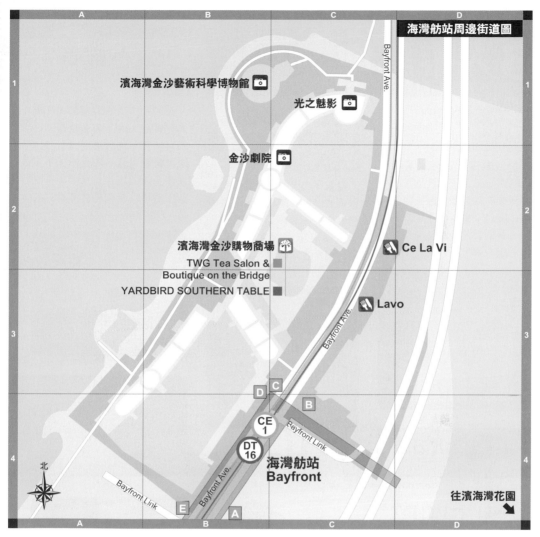

海灣舫站周邊街道圖

濱海灣金沙藝術科學博物館 📷

光之魅影 📷

金沙劇院 📷

濱海灣金沙購物商場 🎋

TWG Tea Salon &
Boutique on the Bridge
YARDBIRD SOUTHERN TABLE

🍴 Ce La Vi

🍴 Lavo

Bayfront Ave.

Bayfront Link

CE 1
DT 16
海灣舫站
Bayfront

北

往濱海灣花園 ➘

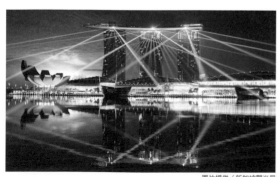

圖片提供／新加坡觀光局

2012年1月開通的海灣舫地鐵站，主要的景點是濱海灣金沙周邊的一切設施，地鐵直接連接金沙，無論是到賭場小試身手，逛街，品嘗名廚餐廳或是來博物館以及劇院觀賞表演節目和不同種類夜店，提供了多元化的娛樂活動。每週日～四的20:00、21:00和週五、六的20:00、21:00、22:00，在濱海灣有約15分鐘可免費觀賞的「幻彩生輝」燈光水舞秀。

新加坡達人 *Singapore*
3大推薦地

在地內行推薦
Lavo

　　位於金沙酒店57樓的美式義大利餐廳，除了美麗夜景，白天可一覽新加坡濱海灣景致，氣氛輕鬆適合一家大小，不需入住金沙酒店也可享受高空景致，假日以及傍晚需要事先訂位。(見P.98)

作者最愛
金沙劇院

　　金沙劇院不定期上演世界級的百老匯音樂劇，通常同一個音樂劇會上演好幾天甚至幾週，所以不會有搶不到票的問題，票價與台灣相比還划算一些。(見P.97)

觀光客必訪
濱海灣金沙藝術科學博物館

　　無論是白天或是夜晚都是最顯著的地標，蓮花造型的藝術科學博物，內共有21個藝廊，不定期有著不同主題國際展覽，適合各年齡層，絕對值得到此一遊。(見P.96)

圖片提供／新加坡觀光局

遊賞去處

造型美麗的水畔蓮花
濱海灣金沙藝術科學博物館

MAP **P.95／B1**

D出口
步行約10分鐘

DATA

http www.marinabaysands.com/museum.html ✉Marina Bay Sands, Bayfront Ave. ☎(65)6688-8868 💲針對不同展場票價從16～46元不等

　　蓮花造型外觀的博物館坐落在濱海灣旁，不定期特選國際藝術展覽，來新加坡之前別忘了上網查詢最新展覽表。

遊賞去處

Sands Theatre
金沙劇院

MAP P.95／C2

D出口
步行約8分鐘

DATA

http hk.marinabaysands.com/entertainment/shows.html
✉6 Bayfront Ave., Singapore 018974 (濱海灣金沙購物中心內)

金沙劇院場地為3層樓並可容納2,155個座位，世界知名的百老匯音樂劇、海內外音樂會時常在這裡舉行。知名的音樂劇《獅子王》《女巫前傳》《媽媽咪呀！》都曾在這裡上演，且票價有多種選擇。如果喜歡音樂劇的旅客不妨提前上網站查看檔期，在旅程中安排一場音樂劇饗宴也是不錯的體驗。

遊賞去處

Digital Light Canvas
光之魅影

MAP P.95／C1

D出口
步行約8分鐘

DATA

http hk.marinabaysands.com/attractions/digital-light-canvas.html ✉B2-50, 6 Bayfront Ave., Singapore 018974 (濱海灣金沙購物中心內) 💲每人12元

由teamLab團隊打造的互動式光影幻彩作品，無論大人或小孩都可在此找到樂趣，可以看見小朋友們追著光影愉悅的身影，或是大人們沈醉於美麗的光影忙著拍照的模樣。這區互動式的展覽會場就位在金沙購物中心的地下2樓美食街旁，即使不買票入內，站在外圍也可以享受這令人驚豔的美景。

購物血拼 逛逛台灣沒有的國際精品

濱海灣金沙購物商場

MAP P.95 / C2
D出口
步行約1分鐘

DATA

http www.marinabaysands.com/Shopping/The_Shoppes.aspx
✉ 10 Bayfront Ave., Singapore 018956

　這裡有80萬平方尺的空間，270間店面和餐廳，有170間以上的中高價位品牌，以及旗艦店包含男裝、女裝、童裝、珠寶、手錶等，這裡也有獨一無二的Louis Vuitton水上旗艦店，特殊漂浮在水上的水晶屋，這裡主張要給訪客們帶來不一樣的購物體驗，這裡有獨家的採購員(Shopping conciage)可以預約帶領客戶購物給予不同建議以及安排，需要事先預約。這裡也含括了80間不同的用餐選擇，從米其林名廚餐廳到當地小吃美食街，選擇眾多。

特色美食 飛船上的空中花園餐廳

Ce La Vi

MAP P.95 / C2
B出口
步行約4分鐘

DATA

http www.celavi.com/en/singaporee ✉ Level 57, Marina Bay Sands SkyPark, Hotel Tower 3, 1 Bayfront Ave., Singapore 018971 ☎ (65) 6508-2188

　位於金沙酒店頂樓的空中花園餐廳以及夜店，頂樓的空中酒吧由晚間8點開始營業，由這裡可以360度俯視新加坡夜景。餐廳餐點以亞洲料理為主，加上新的元素食材做改變的現代亞洲料理。平日有服裝限制，不得穿球鞋、夾角拖鞋、短褲、涼鞋。

特色美食 週末體驗亞洲富豪的約會勝地

Lavo

MAP P.95 / C3
C/D出口
步行約5分鐘

DATA

http lavosingapore.com ✉ Marina Bay Sands | 10 Bayfront Ave., Singapore 018956 | Hotel Tower 1, Level 57 Sands Skypark ☎ (65)6688-8591 💲 50～70元／人

　紐約來的美式義大利餐廳，平日輕鬆的氣氛適合家庭朋友以及商業聚會，到了週末夜晚就變成了約會勝地與夜店，位於金沙酒店57樓，一旁的無邊際泳池就是亞洲富豪電影的拍攝場地，泳池只提供給飯店客人使用，外來客無法進入，但從Lavo看出去的夜景視野毫不遜色，黃昏時刻來露天吧台喝一杯欣賞夕陽，氣勢十足消費卻不貴，是體驗亞洲富豪約會的最佳地點。

特色美食

商務艙專用的頂級茶

TWG Tea Salon & Boutique on the Bay

MAP P.95／C2
D出口
步行約5分鐘

DATA

🌐www.twgtea.com ✉在濱海灣金沙購物商場B2(P.98) 📞(65)6535-1837 💲下午茶套餐25元起(未稅)、正餐套餐45元起(未稅)、早午餐套餐72元起(未稅)

2006年在新加坡開設的TWG Tea Company，強調新加坡悠久的茶歷史和優越地理位置，從製茶過程到產地運送過程都嚴格把關，打造出頂級的消費經驗，店內有800多種特調茶和原生茶，滿足各種需求的高端消費層。為了紀念新加坡始於1837年的茶葉貿易文化，設計了多款紀念茶。因為TWG不斷追求著卓越品質，在新航嚴格的甄選中，脫穎而出成為商務艙專屬用茶，間接代表新加坡頂級茶的地位。建議平日早餐(10:00～11:30)時間前往，除了各式不同的搭配，可從茶單中選擇一種喜歡的茶來品嘗。目前台灣已有代理商，來到新加坡想找些體面大方的名產，不妨來這裡走一趟吧！

特色美食

農加直送鮮食的美國南方餐廳

Yardbird Southern Table & Bar

MAP P.95／C3
C/D出口
步行約5分鐘

DATA

🌐hk.marinabaysands.com/restaurants/yardbird-southern-table-and-bar.html
✉The Shoppes at Marina Bay Sands B1-07 Galleria Level, Singapore 018956
📞(65)6688-9959 💲用餐40元起

位於金沙購物中心地下1樓的美國南方菜，秉持著用農家直送的新鮮食材加上美國南方烹飪特色的美式餐廳，曾被邁阿密Time Out雜誌選為美國最棒的餐廳，全天候提供不同的用餐選擇，招牌主菜是每週從緬因空運的生鮮龍蝦做成的乳酪通心粉(Lobster Mac & Cheese)，Chicken & Watermelon & Waffle是美式炸雞加配上爽口被香料佐味過的西瓜，底下的鬆餅淋上波本威士忌調製的糖漿，鹹中帶甜，一次滿足兩個願望。這裡也是亞洲收藏最多美國威士忌的酒吧，環境氣氛輕鬆，適合家庭、朋友聚會。

環狀線
Circle Line

大啖道地的傳統小吃

達科達站
Dakota (CC8)

尼諾大道站
Nicoll Highway

體育場站
Stadium

蒙巴登站
Mountbatten

達科達站
Dakota

巴耶利峇站
Paya Lebar

麥波申站
MacPherson

大成站
Tai Seng

CC5   CC6   CC7   CC8   CC9   CC10   CC11

←多美歌站
Dhoby Ghaut (CC1)

東西線
(EW8)

濱海市區線
(DT26) Marina Bay (CC29)

港灣站 →

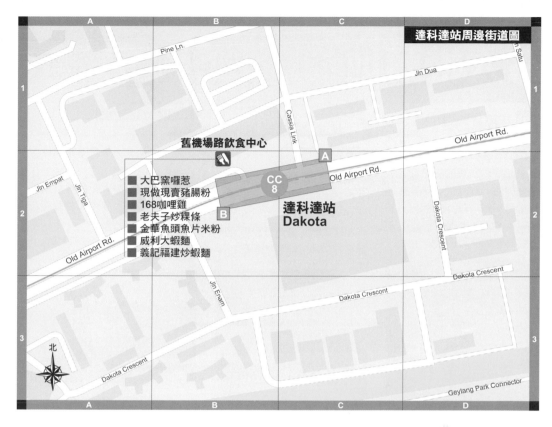

達科達站周邊街道圖

舊機場路飲食中心
- 大巴窯囉喏
- 現做現賣豬腸粉
- 168咖哩雞
- 老夫子炒粿條
- 金華魚頭魚片米粉
- 威利大蝦麵
- 義記福建炒蝦麵

達科達站
Dakota

CC
8

Pine Ln.
Jln Satu
Jln Dua
Cassia Link
Old Airport Rd.
Old Airport Rd.
Jln Empat
Jln Tiga
Old Airport Rd.
Dakota Crescent
Jln Enam
Dakota Crescont
Dakota Crescent
北
Dakota Crescent
Geylang Park Connector

來到達科達站可以看到新加坡人生活真實的一面，這裡是新加坡的住宅區，一出地鐵站，印入眼簾的是整排的新加坡政府組屋(HDB)，新加坡人有80%以上都是住在類似這樣的政府組屋，當然在這樣的住宅區裡，也少不了讓人津津樂道的新加坡道地小吃。如果說最受觀光客歡迎的小販中心是老巴剎，那麼新加坡人最愛的小販中心絕對是舊機場路飲食中心，不少新加坡人大老遠開著車就是要來這裡，可見舊機場路飲食中心在新加坡人心目中的地位有多重要了，不少代代相傳的傳統小吃，在這裡傳承著上一代的料理祕方，造福所有老饕。多虧現在有了環狀地鐵，以往觀光客不容易前往舊機場路，現在也可以靠地鐵輕鬆的到達這個最道地的新加坡小販中心，跟著新加坡人的腳步，一起來尋找美食吧！

3大推薦地

作者最愛

現做現賣豬腸粉

　　標榜現做現賣的腸粉店，除了現做的新鮮腸粉，新鮮食材的挑選和獨門醬汁的搭配，更是讓他成為眾多美食評論家、老饕最愛的原因！(見P.103)

觀光客必訪

威利大蝦麵

　　第二代老闆和老闆娘，每天清晨開始現煮的肉骨蝦湯，濃郁湯頭真材實料，加了豬肝和豬尾巴的蝦麵很受歡迎，列名米其林指南的推薦名單中。(P.104)

在地內行推薦

大巴窰囉惹
(Toa Payoh Rojak)

　　這道蔬果素食沙拉，在華人的創意下發揚光大，算是新加坡人最喜愛的特色小吃，沙拉加入蝦醬、辣椒醬、花生粉以及砂糖攪拌均勻，味道和外觀都很特殊。(見P.104)

特色美食

Old Airport Road Food Centre
舊機場路飲食中心

MAP P.101 / B2

B出口
步行約5分鐘

51 OLD AIRPORT ROAD
FOOD CENTRE & SHOPPING MALL

DATA

✉Block 51, Old Airport Rd. ⑤各式小吃0.4元起

　　若是問新加坡人，最好吃的小販中心在哪裡？相信不約而同的都會告訴你是舊機場路飲食中心，如果你厭倦了購物中心的美食廣場和餐飲連鎖店，想嘗嘗最受新加坡人歡迎的道地小吃，那就一定不可以錯過這裡，舊機場路飲食中心多的是祖傳幾代的獨門料理和突破傳統新一代口味研發的創意小吃，在這裡可以一網打盡所有新加坡特色小吃，不擔心你不喜歡，就怕你飲憾沒辦法一次品嘗到所有具代表性的新加坡傳統美食。

特色美食

DATA

連新加坡美食評論家都難以忘懷

現做現賣豬腸粉

MAP P.101／B2

B出口
步行約5分鐘

✉ 在舊機場路飲食中心內(P.102)，#01-155 💲2元起

　　豬腸粉也就是一般港式飲茶裡的河粉，沒吃過這裡的豬腸粉之前，相信很多人可能不知道豬腸粉是如何做出來的，來這裡老闆現場表演給你看，先在蒸櫃裡鋪上一層白布，然後倒上米漿後放入食材如蝦仁或叉燒，蓋上蒸櫃蓋過1分鐘等米漿凝固，從蒸櫃裡拿出白布，將附著在上面成型的豬腸粉鋪在檯面上，這就是新鮮現做的蝦仁、叉燒河粉！

　　澆上老闆祖傳的特殊醬汁和辣椒醬，滑順的豬腸粉加上鮮脆彈口的蝦仁，這真是連新加坡美食評論家都難以忘懷的絕佳口感。豬腸粉口味多種，除了最經典的叉燒和蝦仁，還有夾雞蛋、干貝、菜脯、皮蛋、豬肝等選擇，如點選加馬來辣味魚漿烏打(Otah)也很有特色。

　　全部都是點餐後現做，雖然比較耗時，但入口的那一刻覺得等待都是值得的。

特色美食

DATA

簡單的咖哩最美味

168咖哩雞

MAP P.101／B2

B出口
步行約5分鐘

✉ 在舊機場路飲食中心內(P.102)，#01-76 💲5元起

　　這間咖哩雞所賣的品項不多，非常單純的咖哩雞再選擇搭配麵、飯、麵包或印度煎餅。這鍋樸實的咖哩傳來濃濃的香氣，讓經過的人都忍不住多看了招牌一眼。這裡的咖哩不會太辣、也沒有過多香料的味道，雞肉燉的非常軟爛得宜，馬鈴薯也非常入味。咖哩一碗分量很足，也可以額外加點飯或麵來搭配。

特色美食

馬來素食沙拉
大巴窯囉惹

MAP P.101 / B2
B出口
步行約5分鐘

DATA

📧在舊機場路飲食中心內(P.102)，#01-108 💲3～5元

　　囉惹(Rojak)是馬來文化裡發展出來的素食沙拉，但是在新加坡卻被華僑給發揚光大，現在在小販中心販賣的多是華人，這道原先由鳳梨、沙葛、黃瓜和燙過的豆芽菜、豆薯加上蝦醬、辣椒醬、花生粉、檸檬汁、砂糖均勻混合的沙拉，在華人不斷地研發改變下，加入了油條、豆皮增加香脆的口感，烤魷魚和皮蛋也增添更多的變化。

　　這間大巴窯囉惹(Toa Payoh Rojak) 更是眾多美食評品和新加坡美食家的最愛，看到攤位上無數的媒體採訪和電子叫號器就知道，絡繹不絕的客人和附近小販攤位都推薦的好口碑，說明了新加坡人喜愛的程度。

　　現在的老闆是林先生，從2004年開始接下丈人程先生的生意，丈人從1971年就開始製作囉惹，一份囉惹的好吃與否，取決於蔬果的刨削厚度，蝦醬、辣椒醬的選擇，醬料的混合程度以及豆皮、油條等的鬆脆度，這裡的醬料全囉惹的溼度水分都剛剛好，醬料攪拌均勻且混合以後，豆皮不會因為潮濕而鬆軟，醬料恰到好處的包覆在蔬果上，形成特殊的花生蝦醬拌沙拉。

　　這道料理無論在視覺味覺上都帶有衝擊，奇妙的混搭方式是新加坡人最喜歡的料理之一，接受程度因人而異，若是想試試不一樣的新加坡道地小吃，不妨嘗看看。

特色美食

肉骨茶和蝦麵的結合
威利大蝦麵

MAP P.101 / B2
B出口
步行約5分鐘

DATA

📧在舊機場路飲食中心內(P.102)，#01-98 💲5元起

　　第二代的老闆每天清晨現煮高湯，濃郁的肉骨蝦湯配上粗細米粉以及黃麵等選擇，豬尾巴煮得軟嫩，加了豬肝和豬尾的三合一蝦麵很受歡迎，湯可以分開成肉骨蝦乾麵配湯。

特色美食

好吃、不油膩

老夫子炒粿條

MAP P.101 / B2
B出口
步行約5分鐘

DATA

📧 在舊機場路飲食中心內(P.102)，#01-12 💲5元起

　　客人從下午就開始絡繹不絕，老闆直接道出吸引客人的原因，莫過於「好吃、不油膩」，炒粿條雖是新加坡的特色小吃，但是一般的炒粿條由於使用豬油拌炒，口感略顯油膩，這間粿條的濕度、油度適中，蛤蠣也很新鮮，難怪會這麼受歡迎。

特色美食

濃郁的牛奶湯頭

金華魚頭魚片米粉

MAP P.101 / B2
B出口
步行約5分鐘

DATA

📧 在舊機場路飲食中心內(P.102)，#01-120 💲5.5元起

　　使用粗米粉等不同麵條加入魚湯，和魚片或炸魚塊、魚頭等配料，沾著醬油辣椒一起吃。可以要求加牛奶，加了牛奶的湯頭帶著牛奶的香氣更加濃郁。名稱雖然叫金華魚頭魚片米粉，但卻不一定天天供應魚頭，炸魚片加一般魚片的魚片湯算是最受歡迎的。

特色美食

辣椒醬超辣

義記福建炒蝦麵

MAP P.101 / B2
B出口
步行約5分鐘

DATA

📧 在舊機場路飲食中心內(P.102)，#01-102 💲5元起

　　這間店只販售福建炒蝦麵一種料理，所以只需要跟老闆說要大/小份即可。如果招牌上寫的「超辣」，建議不吃辣的朋友拿到麵之後不要先將辣椒醬全部拌進去，因為這間福建麵的辣椒醬是出名的辣。除了黃麵與米粉充分吸滿了蝦麵湯汁，另一個特別的是，一般福建炒蝦麵的配料為蝦及豬肉片，但義記卻還另外加入了鮑魚片，讓口感多了些嚼勁。

環狀線
Circle Line

通往世界遺產的站體

植物園站
Botanic Gardens (CC19)(DT19)

碧山站
Bishan

瑪麗蒙站
Marymount

加利谷站
Caldecott

植物園站
Botanic Gardens

花拉路站
Farrer Road

荷蘭村站
Holland Village

波那維斯達站
Buona Vista

CC15 — CC16 — CC17 — CC19 — CC20 — CC21 — CC22

南北線
(NS17)

湯申-東海岸線
(TE9)

濱海市區線
(DT19)

東西線
(EW21)

←多美歌站
Dhoby Ghaut (CC1)

港灣站→
Marina Bay (CC29)

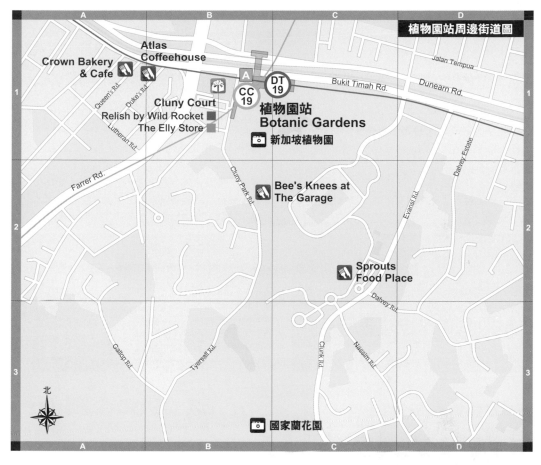

Atlas Coffeehouse

Crown Bakery & Cafe

Cluny Court
Relish by Wild Rocket
The Elly Store

植物園站
Botanic Gardens
新加坡植物園

Bee's Knees at The Garage

Sprouts Food Place

國家蘭花園

北

遊賞去處

Singapore Botanic Gardens

新加坡植物園

MAP P.107／B1

B出口
步行約7分鐘

DATA

www.nparks.gov.sg/sbg 1 Cluny Road Singapore
(65)6471- 7138

　　2015年新加坡植物園被UNESCO列入世界遺產名單，成為新加坡第一個被列入世界遺產的地方，歷史可追溯到1822年。此地占地72公頃，每週六上午有志工組成的免費不同主題步行導覽，每個月有不同主題的植物學習付費工作坊。

　　植物園分為幾個部分，國家蘭花園、植物學中心和東陵門、熱帶雨林、雅格巴拉斯兒童花園、薑園、進化花園，除了國家蘭花園以外全部免費，國家蘭花園種位於植物園的中西方，擁有超過1,000種的原種和2,000種雜交種的蘭花。

國家蘭花園

http www.nparks.gov.sg/sbg/our-gardens/tyersall-entrance/national-orchid-garden $ 成人15元(12歲以下免費)、60歲以上長者3元

從植物園站或納比雅站下車後，步行約20鐘左右可抵達國家蘭花園。這裡是植物園內唯一需要付費的區域，但為世界上蘭花收藏量最豐富的園區之一。其中勝科冷室、婉平麥尼斯鳳梨館和陳溫祥霧屋展示了高海拔森林的多樣物種，非常值得一看。

Bee's Knees at The Garage

http www.thegarage.sg/bees-knees ✉ 50 Cluny Park Rd., Level 1, Singapore Botanic Gardens

這間開在植物園裡的餐廳除了提供正式餐點外，最特別的是可以預訂野餐套餐。此野餐套餐內容除了餐點之外，還外加了野餐小桌、餐墊和坐墊，餐後需將道具歸還。三五好友在植物園內野餐、拍照，替植物園之旅帶來了不同樂趣。

Cluny Court

http www.clunycourt.com ✉ 501 Bukit Timah Rd.

這間小巧的購物商場就在植物園旁，裡頭多是具有特色和自我風格的小店鋪。這間商場的建築建於1928年，歷經時代的變遷演變為今日時髦的咖啡廳和商店。每到週末總會看到一家大小前來用餐的人潮，悠閒的氣氛好似在國外度假。

Sprouts Food Place

http www.nparks.gov.sg/sbg/shop-and-dine/food-and-beverage/sprouts-food-placee ✉ 1J Cluny Rd. (Raffles Building外)

這間植物園內新開的小型美食街位在Raffles Building外，由於地點不是非常好找，可從植物園遊客中心沿著指標走最容易。若在植物園裡逛累了，來到這間擁有冷氣的美食街，並且還可品嘗到1元內的飲料，讓遊客直呼實在太值得了。

採購小朋友伴手禮
The Elly Store

MAP P.107／B1
A出口
步行約1分鐘

DATA

http www.theellystore.com ✉501 Bukit Timah Rd., #02-31/33 Cluny Court, Singapore 259760 ☎(65)9628-0338

　店內布置相當溫馨可愛，除了販售歐美知名的童裝、童鞋品牌，最受到歡迎的就是迪士尼系列。迪士尼系列的Mickey Go Local圖樣有著米奇穿梭於新加坡知名地標，適合買來當作給孩子的紀念品。

綠意盎然的咖啡廳
Relish by Wild Rocket

MAP P.107／B1
A出口
步行約1分鐘

DATA

http www.facebook.com/RelishByWildRocket ✉501 Bukit Timah Rd., #02-01 Cluny Court, Singapore 259760 ☎(65)6763-1547

　一間適合全家大小前來的餐廳，環境乾淨明亮，除了一般早午餐的班尼迪克蛋、煙燻鮭魚等，還有創意料理如蚵仔煎義大利麵(Roketto Oyster Omelette Spaghettini)，漢堡則是較多人推薦的選項。

網美打卡咖啡廳
Atlas Coffeehouse

MAP P.107／B1
A出口
步行約6分鐘

DATA

http www.atlascoffeehouse.com.sg ✉6 Duke's Rd., Singapore 268886 ☎(65)6314-2674

　知名的網紅打卡咖啡廳，時常大排長龍，無法預約只能現場候位，可斟酌時間是否足夠。餐點別出心裁，「麥片蝦義大利麵」將當地海鮮餐廳常見的麥片蝦菜餚與義大利麵融合，展現新加坡料理特色。

不可錯過的美味麵包店
Crown Bakery & Cafe

MAP P.107／A1
A出口
步行約7分鐘

DATA

http www.crownbakery.com.sg ✉557 Bukit Timah Rd., #01-03 Crown Centre, 269694 ☎(65)6463-3066

　是麵包店同時也是餐廳，麵包區提供多種麵包，內用有提供加熱服務。餐點有義大利麵、燉牛肉、烤豬排等，甜點推薦招牌莓果法式千層酥(Berries Mille Feuille)，現烤的酥脆千層酥搭配濃郁的冰淇淋。

東北線
North East Line

順道體驗印度風的吃買逛

圖片提供／新加坡觀光局

花拉公園站
Farrer Park (NE8)

克拉碼頭站 Clarke Quay	多美歌站 Dhoby Ghaut	小印度站 Little India	花拉公園站 Farrer Park	文慶站 Boon Keng	波東巴西站 Potong Pasir	兀里站 Woodleigh
NE 5	NE 6	NE 7	NE 8	NE 9	NE 10	NE 11

南北線
(NS25) 環狀線
(CC1)

濱海市區線
(DT12)

← 港灣站
Harbour Front (NE1)

榜鵝站 →
Punggol (NE17)

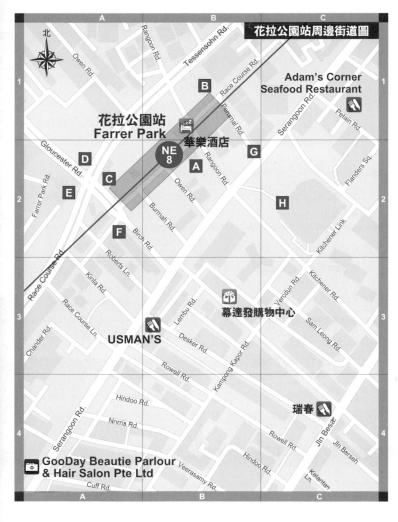

花拉公園站周邊街道圖

和 小印度地鐵站同屬於小印度區域的花拉公園站，在週末通常是印籍勞工們聚會的場所之一，地鐵站外面的草皮野餐、聚會，人山人海卻不見幾張黃色臉孔，這般場景通常會嚇到初次來訪的人，由於過度擁擠，也請盡量避免假日人潮。從小印度到花拉公園站步行約30分鐘，很適合沿著店家散步到小印度，這裡也因為有24小時的幕達發購物中心(Mustafa)，下班時間都有不少人潮。

 特色美食　港式麵線粿

瑞春

DATA

 **MAP P.111 / C4**
G出口
步行約10分鐘

http www.sweechoon.com ✉ 187／189／191 Jalan Besar ☎ (65)6225-7788 💲 7元起

來了小印度卻又不想吃印度菜的時候，晚上想宵夜卻苦無地方可去，來以港式點心為主的瑞春倒是不錯的選擇。麵線粿是炸過後的麵線塊，鬆脆的外表包住鬆軟的麵線，頗有新意。

3大推薦地

作者最愛

USMAN'S

現揉現烤的各式印度烤餅(Nann)，剛出爐的燒燙的起司烤餅，好吃的讓人不想說話。(見P.113)

觀光客必訪

幕達發購物中心
(Mustafa)

神奇的24小時購物中心，應有盡有，幾乎可以想到的通通都在這裡，買紀念品或是晚上睡不著想逛街，來這裡就對了。(見P.113)

在地內行推薦

印度家庭美容
(GOODAY)

既然出來旅遊，就該來感受一下當地的消費習慣，這裡可以做天然藥草漢那彩繪(Henna)或是漢那染髮。(見P.112)

遊賞去處

印度家庭式美容

GooDay Beautie Parlour

MAP P.111 / A4
G出口
步行約10分鐘

DATA

www.gooday.com.sg　101 Serangoon Road
(65)6392-2122

印度家庭式美容店面，週末生意很好需要排隊等候。這裡提供的服務有作臉、剪髮、護髮等，若是不想作太大改變，漢那彩繪和漢那染髮是不錯的選擇，用天然藥草製成的染劑，不傷皮膚秀髮，在新加坡是很流行的一種染髮方式，缺點是沒辦法在顏色上做太大變化，適合要遮蓋黑髮或是稍微改變髮色的人。

購物血拼

超完整的一站式購物據點

幕達發購物中心

MAP P.111／B3
G出口
步行約5分鐘

DATA

www.mustafa.com.sg 145 Syed Alwi Rd., Singapore 207704
(65)6295-5855

應有盡有的幕達發購物中心，從百貨到食品、藥品、汽車、外幣交換，連車子都有得買，甚至連旅行社都有，讓人直呼實在是太神奇了！超完整的一站式購物據點，伴手禮、料理包、印度線香、香皂等，通通可以在這裡一次購買齊全。不過，內部購物通道比較狹小，得盡量避免人多的時段來訪，尤其假日更是禁忌，放假的印度勞工一窩蜂的聚集在小印度區域的盛況，還是避開比較妥當。

特色美食

現做印度烤餅

USMAN'S

MAP P.111／B3
G出口
步行約5分鐘

DATA

238 Serangoon Rd. (65)6296-8949 5元起

經過幕達發購物中心沿著實龍崗路直走第二個路口，就可以看到Usman Restaurant，這間在路旁開放式的餐廳，看起來和小印度眾多的開放式攤位一樣，但是現做的印度烤餅新鮮的口感讓人再三回味，印度烤餅口味眾多，除了原味搭配咖哩沾食以外有起司、大蒜、芝麻等，印度烤雞和各式咖哩。

特色美食

深夜想吃印度餅的好地方

Adam's Corner Seafood Restaurant

MAP P.111／B1
G出口
步行約3分鐘

DATA

324 Lavender St., Singapore 338822 (65)6294-1821 2～5元／人

24小時的印度路邊攤，永遠是深夜想要吃印度餅或是咖哩的最好地方，地鐵站出口走路3分鐘，這裡的各式咖哩還有小菜也非常受到本地印度人的歡迎，是服務業員工最喜歡來的印度消夜選擇之一。

東北線
North East Line

盡是鮮豔瑰麗的印度風情

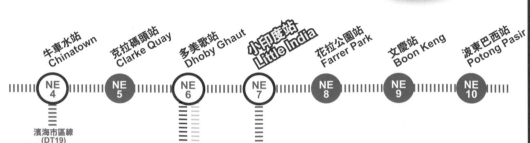

小印度站
Little India (NE7)

牛車水站 Chinatown	克拉碼頭站 Clarke Quay	多美歌站 Dhoby Ghaut	小印度站 Little India	花拉公園站 Farrer Park	文慶站 Boon Keng	波東巴西站 Potong Pasir
NE4	NE5	NE6	NE7	NE8	NE9	NE10

濱海市區線 (DT19)

← 港灣站 Harbour Front (NE1)

南北線 (NS25) 環狀線 (CC1)

濱海市區線 (DT12)

榜鵝站 → Punggol (NE17)

小印度站周邊街道圖

🍴 **Gayatri Restaurant**

📷 **維拉瑪卡里雅曼興都廟**

NE 7 小印度站 **Little India**

🎁 **竹腳中心**

🖐 **Allauddin's Briyani**

🌳 **小印度拱廊**
■ Banana Leaf Apollo
■ Ganesan Villas

🍴 **Le Cafe**

北

Masjid Abdul Gafoor
📷

這裡是新加坡印度裔的聚集地，滿街的印度生活用品商店、金飾店、服飾店和傳統花店以及印度雜貨店和餐廳林立，有著鮮豔瑰麗眾神像的印度廟宇，和迎面來的辛辣印度香料，眼前眾多來往的人群，不間斷的感官刺激，不知道下一個轉角會發現什麼有趣的商店、找尋到什麼有趣的事物，連印度來的朋友都覺得：來到新加坡的小印度，就像真的回到印度一般。

圖片提供／新加坡觀光局

新加坡達人 *Singapore*
3大推薦地

 作者最愛

竹腳中心
(Tekka Shopping Mall)

　　眾多印度小販攤位，先逛完一圈以後再來決定要吃什麼樣的印度小吃，是將小印度小吃一網打盡的實惠方法，另外這裡也不少會說福建話的印度老闆呢！(見P.117)

觀光客必訪

維拉瑪卡里雅曼興都廟 (Sri Veeramakaliam-man Temple)

　　色彩鮮豔繽紛、充滿故事性神像的印度廟，光是看著廟宇內和屋頂的雕塑，就被其中的戲劇性給吸引住了。(見P.117)

在地內行推薦

小印度拱廊
(Little India Arcade)

　　原本是印度人喜慶時才會使用的彩繪漢那，由於圖騰的線條優美細緻，現在也被年輕人用來作為彩繪裝飾使用，小印度拱廊有許多獨立店家提供漢那彩繪服務。(見P.117)

🎥 **遊賞去處**

國家資產保護的主要回教堂

Masjid Abdul Gafoor

DATA

🌐 www.facebook.com/masjidabdulgafoor ✉ 41 Dunlop St.
☎ (65)6295-4209

MAP P.115／D3
C出口
步行約10分鐘

　　這間回教寺廟正式建造於1907年，不同於最初1857年的木造結構，教堂的名字以建立這間回教堂的Shaik Abdul Gafoor Shaik Hyder為名，在1979年被列為國家資產保護，2003年完成修復，目前只開放祈禱，未開放遊客入內參觀。

印度古廟
維拉瑪卡里雅曼興都廟

遊賞去處

MAP P.115/C1
C出口
步行約10分鐘

DATA

srivkt.org ✉ 141 Seran-goon Rd.
📞 (65)6295-4538

1855年建立的維拉瑪卡里雅曼興都廟被新加坡列為國家重要紀念建築物，也是最古老的廟宇之一，這間印度廟是新加坡首座為了恭奉濕婆天神之妻卡利女神的兇惡化身蜜娜吒所建造的，廟內的祭壇和牆壁充滿了顏色鮮豔、藝術性高的眾神像。進入寺廟前得先脫鞋、搖鈴以表示敬意。

平價印度美食中心
竹腳中心

 購物血拼

MAP P.115/A2
C出口
步行約2分鐘

DATA

✉ 665 Buffalo Rd.

在地鐵站旁的竹腳中心(Tekka Shopping Mall)包含了小販中心和兩層樓林立的印度商店，這裡可以吃到道地平價的印度餅、印度咖哩、印度拉茶等，各式手工藝品店和印度傳統服飾店都很值得一逛。

體驗印度生活風情
小印度拱廊

購物血拼

MAP P.115/B2
C出口
步行約5分鐘

DATA

✉ 48 Seragon Rd.

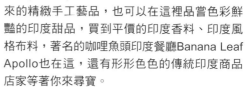

小印度拱廊(Little India Arcade)有包羅萬象的印度店面和餐廳。你可以選一個喜愛的圖騰，做假性刺青漢那(Henna)，找到印度或中東來的精緻手工藝品，也可以在這裡品嘗色彩鮮豔的印度甜品，買到平價的印度香料、印度風格布料，著名的咖哩魚頭印度餐廳Banana Leaf Apollo也在這，還有形形色色的傳統印度商品店家等著你來尋寶。

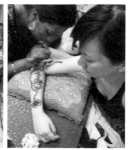

特色美食 超人氣印度餐廳

Banana Leaf Apollo

MAP P.115／B2
C出口
步行約7分鐘

DATA

🌐 www.thebananaleafapolo.com ✉ 在小印度拱廊內(P.117)
📞 (65)6293-8682 💲 15元起

　　因為以香蕉葉取代盤子來盛飯,所以取名為Banana Leaf Apollo,這間超人氣的印度餐廳,提供各式南北印度料理,其中最受人歡迎的當然還是連印度都沒有賣的咖哩魚頭,這道由新加坡印度裔研發出來的新式料理,已經成為新加坡特色美食之一,其中Banana Leaf Apollo的咖哩魚頭也使其成為代表性餐廳。若是覺得看菜單太麻煩,不如直接走到食物區現選現點,各式各樣的肉類、蔬菜咖哩也頗受好評。來到這裡,忍不住入

境隨俗的跟著身旁的印度人將手洗淨後捏飯吃,但是可得注意鮮紅的咖哩一但沾上手,可不是輕易就可以徹底洗掉的。芒果Lassi是印度傳統優格飲品,香甜順口搭配咖哩也是絕配。

特色美食 香味滿溢的道地薑黃飯

Allauddin's Briyani

MAP P.115／A2
C出口
步行約2分鐘

DATA

✉ Tikka center小販中心內,#01-253 💲 5元左右

　　受新加坡人喜愛的平價印度黃薑飯,加了酥油、肉豆蔻、孜然、胡椒、丁香、小豆蔻、肉桂、月桂葉、香菜、薄荷葉、生薑、洋蔥和大蒜各種香料,還有腰果以及雞蛋一起燜煮,香味滿溢的黃薑飯配上羊肉或雞肉一份7元,因為都已經煮好了,準

備速度非常快,分量很大,配上旁邊攤位的印度拉茶和印度抓餅Prata這一餐道地的印度小販之旅不到10元!小販中心沒有空調,建議氣候不炎熱的清晨或傍晚時拜訪。

特色美食

隨移民移入的印度咖哩魚頭

Gayatri Restaurant

MAP P.115／B1
B出口
步行約3分鐘

DATA

http www.gayatrirestaurant.com ✉122 Race Course Rd., #01-01, Singapore 218583 ☎(65)6291-1011 ＄20～40元／人

新加坡有不少基於當地移民而產生的特殊料理，印度咖哩魚頭就是其中一個。使用新加坡及鄰近國家產的紅鯛魚魚頭，和咖哩的辛香料慢煮2小時，加入秋葵跟茄子等各種蔬菜，這料理可從新加坡流傳到印度，來到新加坡小印度不妨試試看。歷史悠久的印度咖哩魚頭餐廳Gayatri Restaurant已有二十幾年歷史，現在是第二代印度裔的新加坡人經營，招牌菜有咖哩魚頭(fish head cherry)、羊肉咖哩(Mutton Mysore)、加了番茄和磨碎腰果的奶油雞(butter chicken)，奶油以及蒜頭口味的Nann印度餅也非常受歡迎，還有印度芒果優酪乳，價格都非常合理。桌上還有貼心的服務鈴，隨按隨到，不用擔心服務速度慢的窘境。

特色美食

琳瑯滿目的印度零食

Ganesan Villas

MAP P.115／B2
C出口
步行約5分鐘

DATA

✉在小印度拱廊內(P.117) ☎(65)6297-5457
＄印度糕點1元起

印度人開的糕餅店，琳瑯滿目的印度零食和甜點，立刻滿足喜歡冒險嘗鮮的味蕾，最令人訝異的是印度老闆居然「公台譯馬ㄟ通」，而且還不是普通的輪轉，這樣的情形在以福建華人為主的新加坡裡其實見怪不怪，不少馬來裔、印度裔的新加坡人，只要當過兵在華人環境裡生活過，通常都可以講的一口好中文或福建話呢！

東北線
North East Line

新加坡夜生活的代名詞

圖片提供 / 新加坡觀光局

克拉碼頭站
Clarke Quay（NE5）

港灣站 Harbour Front		歐南園站 Outram Park		牛車水站 Chinatown		克拉碼頭站 Clarke Quay		多美歌站 Dhoby Ghaut		小印度站 Little India		花拉公園站 Farrer Park
終點站 NE 1		NE 3		NE 4		NE 5		NE 6		NE 7		NE 8
環狀線 (CC29)		湯申-東海岸線 (TE17)	東西線 (EW16)	濱海市區線 (DT19)				南北線 (NS25)	環狀線 (CC1)	濱海市區線 (DT12)		榜鵝站 → Punggol (NE17)

克拉碼頭站周邊街道圖

海底撈
Level Up
G-Max & GX-5
Zouk
舊禧街警察局
新加坡河觀光遊船
倉庫酒店
The Central
Jumbo Seafood Gallery 珍寶海鮮
Brewerkz
麻布冰淇淋
克拉碼頭站 Clarke Quay
NE 5
松發肉骨茶
28 HONGKONG STREET

北

克拉碼頭已經成為夜生活和派對狂歡的代名詞，但就算不是Party Animal，相信新加坡河畔的斑斕美景和這裡眾多異國餐飲、娛樂活動，也可以成為闔家歡樂的場所之一。在19世紀這裡曾是最主要的運輸港口之一，2006年完成改造計畫的碼頭和倉庫儼然成為新加坡時尚的新地標。傍晚時分，在新加坡河上搭乘輪船，聽著導遊講解新加坡河歷史如何改寫新加坡的觀光客，坐在河畔旁露天座椅享受異國美食的食客，站在吧檯喝著生啤酒的酒客，買著冰淇淋坐在河墩邊聊天的小情侶，拿著從便利商店買來的啤酒，坐在羅賓生橋上先喝起來的三五好友，形形色色的人建構出的克拉克碼頭，就像新加坡這個彩色小聯合國一樣，讓人流連忘返。因為很浪漫隨性，加上過往金髮碧眼的行人，有時候甚至讓人忘了自己身處亞洲呢！

新加坡達人 *Singapore*
3大推薦地

作者最愛

28 HONG KONG STREET

全球前50最佳酒吧，也是亞洲前幾名的頂尖酒吧，這裡是新加坡的第一間祕密酒吧 Speakeasy，沒有招牌沒有明顯的入口，喜愛調酒的人別錯過了。(見P.125)

觀光客必訪

Jumbo Seafood Gallery 珍寶海鮮

在新加坡有多間分店的珍寶海鮮，以辣椒螃蟹和麥片蝦等新加坡道地海鮮料理出名，店內賣有各種醬料調理包，要是喜歡這裡的海鮮料理，也可以在此選購，送禮自用皆適合。(見P.122)

在地內行推薦

松發肉骨茶

無論是外地觀光客或是本地人都喜愛的松發肉骨茶，每到傍晚一定高朋滿座，相隔不遠的兩家松發，一間有冷氣適合怕熱的客人，另一間則是開放式空間，流動量大，即使排隊人潮不少，也不需要等太久。(見P.123)

特色美食　　新加坡招牌螃蟹在這裡

Jumbo Seafood Gallery 珍寶海鮮

MAP P.121 / D2
E出口 步行約10分鐘

DATA

http www.jumboseafood.com.sg/en/home ✉20 Upper Circular Rd., #B1-48 The Riverwalk, The Riverwalk ☎(65)6534-3435

來新加坡絕不能錯過道地的海鮮料理，包括加了數十種香料、番茄醬與斯里蘭卡活蟹烹煮的辣椒螃蟹，甜中帶辣把螃蟹的鮮味全部鎖在醬汁裡，可搭配炸饅頭沾食。胡椒螃蟹則是先用胡椒將螃蟹醃過，再加奶油大火快炒，胡椒的香味搭配新鮮螃蟹，香辣口感讓人無法抗拒。燕麥蝦也是一絕，酥脆的明蝦，覆蓋烤過香脆的燕麥和咖哩葉，帶著陣陣奶油香和多層次口感。炸到酥脆的吳郭魚加上酸甜口感的娘惹醬汁，也是特色海鮮料理之一。加了森巴辣椒醬與蝦醬的空心菜也很受歡迎。

特色美食 限量供應的人氣肉骨茶

松發肉骨茶

MAP P.121 / D3
E出口
步行約3分鐘

DATA

http songfa.com.sg ✉11 New Bridge Rd., #01-01
☎(65)6533- 6128 💲7～15元

新加坡好吃的肉骨茶大多在地鐵站無法直接到達的區域，這間受新加坡本地和觀光客歡迎的松發肉骨茶，位於克拉碼頭站走路3分鐘的路程，在新橋街11的這間是總店，半開放式的空間，如果怕熱的人可以到隔壁17號的冷氣分店。

和其他肉骨茶不同，這間還有特製的龍骨肉骨茶，一隻豬只能做4份龍骨茶(豬腰骨)，每天限量供應，肉質比排骨圓潤，油脂較多。其他小菜像是酸菜以及滷豬腳和雞腳滷腐皮都很受歡迎，還有松發肉骨茶包簡單料理把新加坡肉骨茶帶回家。

遊賞去處 Old Hill Street Police Station

舊禧街警察局

MAP P.121 / D2
E出口
步行約5分鐘

DATA

✉140 Hill St., Singapore 179369

座落於克拉克碼頭旁的舊禧街警察局是不少遊客喜愛的打卡景點之一，6層樓的建築搭配927扇色彩繽紛奪目的窗口吸引路人的目光，該建築於1934年啟用，是當時新加坡最大的政府大樓，曾為警察局及警員宿舍，1998年被列入新加坡國家古蹟。隨著時代變遷現在已作為新加坡文化、社區及青年部的政府辦公室使用。無論是白天或是夜晚來拍照都各有特色，1樓入口處也有該建築的歷史介紹。

圖片提供／張馬可

遊賞去處

悠閒的新加坡河畔之旅
新加坡河觀光遊船

MAP P.121／C3
E出口
步行約5分鐘

DATA

http rivercruise.com.sg ✉ 3E River Valley Rd.(鄰近空中G-MAX逆轉綁緊跳)
$ 成人28元、3～12歲孩童18元

　　如果想要以乘船的方式來一趟「新加坡河之旅」,那一定不能錯過新加坡河觀光遊船。約40分鐘的航程從克拉碼頭出發,途經萊佛士登陸遺址、魚尾獅和濱海灣等,如果怕天氣炎熱建議晚上7點後出發,吹著風享受精彩的新加坡夜景,並搭配語音導覽來了解新加坡的歷史。船票於網路平台KKday、Klook等購買更為優惠,建議可先行上網購買。

休閒娛樂

復古遊戲機台酒吧
Level Up

MAP P.121／C2
E出口
步行約4分鐘

DATA

http 1-levelup.com ✉ 3A River Valley Rd., Blk A, Clarke
Quay, #02-04, Singapore 179020 ☎ (65)9231-4992

　　這是一間適合三五好友一起前來的複合式餐廳,除了餐點服務外,每天皆有不同的樂團駐唱,餐廳內亦放置了遊戲機台,如撞球台、賽車機台等,每天晚上都熱鬧非凡。現場駐唱樂團可先上官網查詢,餐廳也不定期舉辦各種有趣的活動,週末建議先在官網訂位,4人以下團體只能現場候位。

休閒娛樂

維持祕密風格口耳相傳夜店

28 HONGKONG STREET

MAP P.121 / C3
E出口
步行約6分鐘

DATA

http www.28hks.com @ findus@28hks.com ✉ 28 Hong Kong St. $ 20元起

　　入選為全球最佳50酒吧後而成名，這裡是新加坡的第一間Speakeasy，繼續秉持著一貫祕密酒店的作風，沒有招牌，網站上沒有資訊，靠口耳相傳。這風潮源自於美國禁酒時期1920開始，那段時間的美國酒精的銷售生產販賣是違法的，於是一間間這樣無招牌的祕密酒吧藏身在街道不起眼的角落，偷偷賣酒，這幾年在國際大都市很流行這樣的風格。28 Hong Kong Street就如其名一樣在香港街28號，鄰近新加坡金融區，藏身在老舊店屋裡，老闆原是2位美國人，來新加坡的金融業工作後進而轉身開啟新加坡祕密酒吧的風潮。延伸出來的服務包括酒類進口、酒吧營業諮詢等服務。除了調酒，罪惡下酒菜像Mac & Cheese Balls這種炸到酥脆的起司通心麵球也很道地美式。

休閒娛樂

歷史悠久原創夜店

Zouk

MAP P.121 / C2
F出口
步行約1分鐘

DATA

http zoukclub.com ✉ 3C River Valley Rd., Clarke Quay, #01-05 to #02-06, The Cannery, Singapore 179022

　　1991年在新加坡開業，是歷史最悠久的原創夜店之一，由三個區域Zouk、Phuture、Capital所組成，可容納1,500人以上。有駐場DJ並不定期邀請各國著名DJ上場，2018年搬到目前的位置，官網上有最新的活動介紹，每年在新加坡聖淘沙西樂索海灘最盛大的音樂派對也是由Zouk所主辦。

東北線
North East Line

有著親切感的華人區

牛車水站
China Town（NE4）

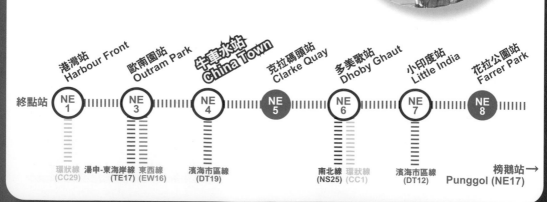

港灣站
Harbour Front

歐南園站
Outram Park

牛車水站
China Town

克拉碼頭站
Clarke Quay

多美歌站
Dhoby Ghaut

小印度站
Little India

花拉公園站
Farrer Park

終點站　NE 1　NE 3　NE 4　NE 5　NE 6　NE 7　NE 8

環狀線
(CC29)

湯申-東海岸線　東西線
(TE17)　(EW16)

濱海市區線
(DT19)

南北線　環狀線
(NS25)　(CC1)

濱海市區線
(DT12)

榜鵝站 →
Punggol (NE17)

珍珠大廈
麵包物語BreakTalk
China Point
Upper Hokien St.
Upper Tong Sen St.
New Bridge Rd.
Pickering St.
George St.

中國城小販中心
四川名小吃
日日紅麻辣香鍋
培記釀豆腐
合記包

DT
19
NE
4

E 牛車水站
Chinatown

皮克林賓樂雅酒店

珍珠坊
People's Park
Complex

C
A
G
F

Upper Cross St.
South Bridge Rd.
Nankin St.
China St.
Chin Chew St.

林志源肉乾
Pagoda St.
Mosque St.

牛車水原貌館
中國城
商店街

往華綉酒店

唐城坊
Trengganu St.
Temple St.
馬里安曼興都廟
Cross St.

牛車水大廈
Smith St.

了凡香港油雞飯麵
安珍薄餅

牛車水美食街

Employees
Only

南洋老咖啡
China St.
Club St.
Amoy St.
Telok Ayer St.
Boon Tat St.

佛牙寺龍華院
Sago Ln.

囉喏薄餅鮮蛤
一家潮州魚粥、魚湯
天天海南雞飯
福順錦記燒臘麵家
中國街花生湯

思樂酒店

Eu Tong Sen St.
New Bridge Rd.
Keong Saik Rd.
Kreta Ayer Rd.
Banda St.
Spring St.
Sago St.
Maxwell Rd.
Neil Rd.
Teck Lim Rd.

北

索樂居酒店
Esquina

麥士威熟食中心

早期中國沿海省分一帶來的移民，最初落腳在新加坡南部沿岸，1828年萊佛士在規畫城市藍圖時，更將這裡規畫成華人居住區，往後的中國移民也漸漸集聚在此。由於早期水源取得不易，於是賣水的商人都使用牛車，穿梭於中國城內賣水，因而這裡也取名為牛車水。

　中國城一帶這幾年變得非常多元化，除了中式餐飲紀念品店，這裡更成為各類異國料理、米其林等級餐廳、酒吧夜店的聚集潮地。若向南往歐南園(Outram Park)地鐵站的方向去，在Neil Road、Ann Siang Road酒吧群聚，越夜越熱鬧。在電影《瘋狂亞洲富豪》中，女主角和好友談心的餐廳Humpback也正位在中國城的Bukit Pasoh Road。

新加坡達人 *Singapore*
3大推薦地

👍 作者最愛
Employee Only

本店入選為2023年亞洲50最佳酒吧，除了選擇豐富的精湛調酒之外，還會不定期舉辦各種活動並聘請知名的客座調酒師，店內熱鬧的氣氛讓上班族都一解平日的壓力。(見P.137)

👍 觀光客必訪
天天海南雞飯

來到新加坡一定要品嘗的海南雞飯，天天又屬料理雞飯的箇中翹楚，晶瑩剔透的雞油飯加上滑嫩海南雞，順便來體驗一下新加坡的小販中心文化吧！(見P.133)

👍 在地內行推薦
南洋老咖啡

來新加坡一定要喝一杯正統的Kopi才不枉此行！在南洋老咖啡可以學到點咖啡的「術語」，還可以感受到新加坡的懷舊風格，牛車水逛累了就來這裡吧！(見P.131)

📷 **遊賞去處**

Sri Mariamman Temple
馬里安曼興都廟

MAP P.127 / C2

A出口
步行約10分鐘

DATA

🌐 smt.org.sg　✉ 244 South Bridge Rd.　📞 (65)6223-4064

　　馬里安曼興都廟建立於1827年，是新加坡最古老的印度廟，當時是簡單的茅草屋，由馬來西亞檳城政府辦事員Pillai修建，現在看到的紅磚建築和牆上大量的神像、壁畫則在1843年改修完成。入口處上方的塔雕刻著72個生動傳神的神明動物雕像，廟內豐富的裝飾供奉著梵天、毗濕奴和濕婆3位天神，但這座廟最主要供奉的是馬里安曼神，馬里安曼神是印度南部農村的女神，保佑人民免於疾病。像所有印度廟一樣，進入寺廟前得先脫鞋，敲一下門上的鈴鐺請求神民的許可再進入，遊客應通過洗手洗腳並灑水在頭上表示淨化自己，進入廟裡以後，順時鐘方向朝拜才能帶來好運。

遊賞去處 充滿歷史的壁畫步行之旅

牛車水壁畫

MAP P.127 / C2 A出口步行約2～10分鐘

在牛車水區域穿梭時，旅客常常會注意到無論小巷或大街上，時不時出現的有趣壁畫。這些壁畫不僅僅是融入當地建築的藝術品，更是一幅幅訴說著牛車水歷史和華人早期生活與文化的作品。壁畫散佈在牛車水的街道之中，若不是真的花時間一個個拜訪，真的會錯過不少精彩的作品。有興趣的旅客也可報名壁畫步行之旅，由專業的導覽領隊，深入瞭解每個壁畫背後的故事。

遊賞去處 富麗堂皇的新潮寺廟

佛牙寺龍華院

MAP P.123 / C3 A出口步行約7分鐘

DATA

🌐 www.buddhatoothrelictemple.org.sg ✉ 288 South Bridge Rd.
📞 (65)6220-0220 ❓ 不可穿短褲短裙入院，得套上長褲才可進入

內建金碧輝煌的佛牙寺龍華院，1樓開放給信眾參拜，2樓咖啡廳販賣各式紀念品及免費的佛經取閱，3樓是佛教文物博物館，以罕見文物和說故事方式展示了佛教的歷史和在亞洲的不同國家習俗，3樓後方是舍利殿，供奉著讓整間寺廟出名的象牙舍利，和其他各種僧侶舍利。富麗堂皇的陳設和院內現代電子化的解說招牌，原來寺廟也可以這麼新潮。

People's Park Centre
珍珠大廈
購物血拼

MAP P.123 / B1
D出口
步行約1分鐘

DATA

✉101 Upper Cross St.

在這個綜合商場可以找到3件5元的紀念品，小包裝新加坡虎牌藥膏或斧牌萬精油、新加坡各式土產都可以在這裡找到，就算是鄰近馬來西亞的短期行程、車票或到達附近小島的船票，也可以來這裡的旅行社洽詢，電子產品要採購之前不妨貨比三家。

① Singapore Pools是新加坡的彩券行，每到開獎前夕總是大排長龍

People's Park Complex
珍珠坊
購物血拼

MAP P.123 / B2
C出口
步行約1分鐘

DATA

✉1 Park Rd .

就在地鐵站C出口處左手邊，和珍珠大廈一樣是間綜合商場，要買紀念品或是要換外幣的不妨來這裡走走，這裡有多間外幣交換處，方便旅客換外幣，後方聯結到中國城美食中心。

新加坡老字號肉乾店
林志源肉乾
購物血拼

MAP P.123 / B2
C出口
步行約2分鐘

DATA

✉ www.limcheeguan.sg ✉ #01, 1 Park Rd., 25 People's Park Complex，位在珍珠坊內(P.128) ⑤1公斤約60元

新加坡最有名的老字號肉乾店，莫過於林志源和美珍香，這兩間店在牛車水各有分店，也成了國外觀光客來新加坡的伴手禮選擇之一，林志源的選擇多元，除了肉乾、肉鬆，還有各種新加坡零食，在中國城的這間肉乾店總是吸引了不少人潮，購買之前也可以和店員要求試吃看看不同口味在新加坡樟宜機場也有分店，位於星耀樟宜內#B2-222。

購物血拼

琳瑯滿目的中國風紀念品
中國城商店街

MAP P.123 / C2
A出口
步行約2分鐘

DATA

🌐 chinatown.sg 📧 Pagoda、Trengganu到Sago St.一帶

　　來到新加坡,這裡不失為一個買紀念品的好地方。打從鑰匙圈,或是中國風的國劇臉譜、天燈、明信片、卡片、水晶印章等,各式中國風或是新加坡紀念品在這裡都可以找到。從Pagoda、Trengganu到Sago Street,接近兩百間的商店林立,來這裡買東西除了參考商品的定價以外,要是購買數量多,皆可以試探性的殺價。

購物血拼

Chinatown Point
唐城坊

MAP P.127 / B2
E出口
步行約1分鐘

DATA

🌐 chinatownpoint.com.sg 📧 133 New Bridge Rd., Singapore 059413 📞 (65)6702-0114

　　唐城坊是牛車水區域中較新式的購物中心,除了連結了地鐵站外,2樓的天橋可以通到對面的珍珠大廈(People's Park Centre),如此一來即使在雨天也可以方便地串連牛車水的主要幾棟商場。1、2樓多為餐廳及店鋪,觀光客常去的松發肉骨茶和土司工坊都有在此開店;地下室則有本地超市Fairprice及中國超市思家客。知名的天宇旅行社(Skyline Travel)就位在3樓,在那邊可以買到較便宜的景點門票,如果有經過不妨去比價。

特色美食

充滿懷舊風情的咖啡廳
南洋老咖啡

MAP P.127 / C3
A出口
步行約8分鐘

DATA

🌐 nanyangoldcoffee.comm 📧 268 South Bridge Rd., Singapore 058817 📞 (65)6221-6973 💲2元起

　　在史密斯街的最尾,有一間非常顯眼的紅色咖啡館,是南洋老咖啡的總店。這間咖啡廳和一般在熟食中心裡的攤位有些許不同,就算觀光客不知道點咖啡所使用的「術語」,櫃檯放置新加坡咖啡的術語表單及圖示,而且服務人員也很習慣接待來自世界不同的旅客,會耐心的為您講解。點完咖啡後不妨去2樓的座位區,懷舊的復古裝潢搭配舊時咖啡廳的擺設,濃濃的古早味令人懷念。這裡也是許多觀光客喜愛打卡之處,若在牛車水走累了可以來坐坐。

特色美食

Maxwell Food Centre
麥士威熟食中心

MAP P.123 / C3

A出口
步行約7分鐘

DATA

✉ South Bridge Rd.和Maxwell Road Maxwell Rd.轉角
💲 小販中心價格3～10元

這個位於中國城和丹戎巴葛地鐵站中間，步行距離約5分鐘的熟食中心，不僅受當地民眾的歡迎，更是觀光客尋找當地平價美食的絕佳地點，店內不少老店都被當地美食節目以及報章雜誌所採訪，攤位前大排長龍的客人更說明了一切。

麥士威中心人氣小吃精選①

囉喏薄餅鮮蛤
Rojak, Popiah & Cockle

✉ 麥士威熟食中心內，#01-56

用春捲餅皮包著煮過的白蘿蔔捲起來的薄餅，和潤餅有幾分相似，也是新加坡熟食中心會出現的小吃之一。另外馬來風格的沙拉囉喏，也非常受歡迎，加了黑色醬油膏、花生粉和各式蔬菜水果，加上烤油條拌在一起的黑色沙拉，受歡迎程度很兩極，有些喜歡這種衝突微妙的組合，有些人不喜歡又甜又鹹濃稠醬汁混在一起的口感。受當地人及遊客歡迎，被選入米其林推薦名單中。

麥士威中心人氣小吃精選②

一家潮州魚粥、魚湯

✉ 麥士威熟食中心內，#01-66　💲 5元起

魚湯的攤子在所有熟食中心內幾乎都會看到，但這間可是麥士威中心的排隊美食。每到吃飯時間總會看到長長的人龍，不僅是觀光客也是附近上班族的最愛。魚肉的選項有巴當魚、鯧魚和石斑魚，也可自己選擇搭配飯、粥、麵、粗米粉等，就算選擇價位最便宜的巴當魚湯頭也非常鮮甜，清淡的口味讓人更能喝出海鮮的精華。建議搭配店家提供的蒜泥和薑絲，美味提升。

麥士威中心人氣小吃精選③

福順錦記燒臘麵家

✉麥士威熟食中心內，#01-66　💲4元起

　　油亮的叉燒、燒鴨掛在櫥窗中，這間熱門的小攤也差不多要排半小時左右。老闆製作叉燒已有差不多15年的經驗，在牛車水一帶雖然有很多燒臘小舖，但要變成排隊美食也不容易。叉燒肥瘦各半，就算平常不吃肥肉的人也會驚豔，肥肉融化在口中完全沒有過於油膩的感覺。燒鴨的外皮入味且酥脆，搭配鮮嫩多汁的肉可說是絕配。如果想要有多點變化，推薦可以點三拼的飯或是麵。

麥士威中心人氣小吃精選④

天天海南雞飯

✉麥士威熟食中心內，#01-10　☎(65)9691-4852　💲雞飯小份5元、中份6元

　　要是你問起新加坡人，新加坡最好吃的海南雞飯在哪裡，相信5個裡面大概有3、4個人會跟你推薦「天天海南雞飯」，除了在文華酒店一客要25元的高檔海南雞飯，如果要找平價又好吃且方便到達的海南雞飯，位於麥士威熟食中心內的「天天海南雞飯」真是首選。

　　海南雞飯的飯由雞油雞汁所烹煮，這裡的雞飯軟硬適中，雞汁也徹底烹煮進米飯裡，經過繁複料理步驟的海南雞，帶有膠質滑亮鮮嫩的雞肉，再配上一碗雞湯和小黃瓜，就是標準的海南雞飯套餐。由於生意實在太好，海南雞飯每天約5、6點就銷售一空，建議在午餐時間前往，免得白跑一趟。

麥士威中心人氣小吃精選⑤

中國街花生湯

✉麥士威熟食中心內，#01-66　💲1.4元起

　　這間甜點店只賣3種甜點，花生湯、紅豆糕米和豆宣(tau suan)。豆宣也稱為豆爽，是一種潮汕甜點，用去皮的綠豆熬煮而成，是非常傳統的新加坡甜點。這裡的甜品均一價1.4元，加湯圓(3顆)2元。主打的花生湯不會過甜，花生熬的軟爛容易入口，微甜而不膩。湯圓的糯米外層相當細緻，裡頭的花生餡也完全不馬虎，可以吃出店主製作湯圓的用心。雖然是看似簡單的甜點，但卻讓人印象深刻。

特色美食

Chinatown Food Street
牛車水美食街

MAP P.123 / B2
A出口
步行約10分鐘

DATA

📧史密絲街(Smith St.)一帶 💲3〜6元

中國城裡的史密絲街(Smith St.)一到晚上就變成露天美食街，一旁攤位店家便開始擺放起桌椅攤位，將座位延伸到小巷內，兩側的傳統店屋和古早路味路邊攤位設置，圍繞著中國城的熱鬧氣氛，很受國外觀光客歡迎。炒粿條、XO醬魚頭米粉、沙爹、蘭州拉麵、花生湯圓、魚圓麵等受歡迎的小吃都可以在這裡找到。

用小包衛生紙占位

新加坡小販中心也有它的用餐規矩，因為大部分的小販中心在用餐時間總是擠滿了人，一位難求的狀況下，新加坡人會用小包衛生紙占位，放在桌上或座位上，就表示這個座位有人使用，千萬別拿開衛生紙直接坐下，這等於是搶了別人占好的座位。

進入小販中心首先找坐位，記好桌號，到了小販攤位點菜的時候，可以直接告訴老闆桌號，除非攤位有註明自助服務，才需要在店家門口排隊等候拿食物，不然一般點完餐，店家煮好以後，會自動送到先前告知的桌號，到時再直接付錢。新加坡的小販中心也沒有提供餐巾紙的服務，通常有些老年人或殘障人士另外在小販中心販售，不妨跟他們購買，也算是日行一善。

牛車水人氣小吃精選①

日日紅麻辣香鍋

📧32 New Market Road #01-1152 People's Park Complex Food Centre(珍珠百貨商場內) 💲5〜10元

中國城這幾年多了很多中國人開的店，很容易找到道地又好吃的餐廳或小販，這間四川的麻辣香鍋，就像是縮小版的麻辣火鍋一樣，選擇想吃的菜色後下去麻辣湯裡翻煮，可以選擇和麻辣湯一起吃，或像麻辣燙一樣乾吃，辣度可分小中大。

牛車水人氣小吃精選②

培記釀豆腐

✉32 New Market Rd., #01-1066, People's Park Complex Food Centre(珍珠百貨商場內) ⑤2～3元

釀豆腐(Yong Tau Fu)也是新加坡的一種特色小吃，光聽名字難免讓人困惑，實際上是加了魚丸、魚漿製品以及各式黃豆製品的豆腐魚丸湯。位於 Chinatown Complex Food Centre內，這間釀豆腐專賣店每到用餐時間總人大排長龍，得等上十幾分鐘，生意好其實沒有什麼祕訣，只是材料新鮮，每天現打的魚漿、魚丸，新鮮的豆腐製品，黃豆熬製的湯頭，就是簡單的幾個基本食材，種類不需要多，把它做好了，自然吸引老饕大老遠跑來就為了吃釀豆腐。

牛車水人氣小吃精選③

四川名小吃

✉32 New Market Rd., #01-1042, People's Park Complex Food Centre(珍珠百貨商場內) ⑤5元.

牛車水原本是新加坡華人聚集的所在地，多為新加坡當地美食，這幾年因為新加坡政府鼓勵新移民和開放的就學、工作機會，越來越多的中國人口到新加坡，牛車水也越來越多像這樣的商店，中國店員老闆煮著中國的地方小吃，口味道地美味，也替牛車水增添一種新風味。

這間生意超好的四川名小吃最受歡迎的是肥腸粉和四川涼麵，肥腸粉也就是麻辣細粉，加了各式麻辣香料和肥腸、豆芽、花生、香菜以及冬粉的肥腸粉加上一點黑醋，酸辣的口味十分道地對味，四川涼麵則是加了各式香料花椒等調和成的麻辣醬配上花生、豆芽、蔥等的涼麵，麻辣的夠味加上花椒特調醬料的香，是炎熱夏日的開胃選擇。

全球最便宜的米其林美食

了凡香港油雞飯麵

Hawker Chan Soya Sauce Chicken Rice & Noodle

DATA

📧78 Smith St. 💲油雞飯6.8元起

原店位於牛車水大廈的油雞店鋪，原本就大排長龍，在2016年得到米其林1星的評比以後，成了連外國遊客到新加坡都必來朝聖的地點之一，是全球最便宜的米其林星星美食。新店位於牛車水大廈對面，像速食餐廳一般的流水線，付款後等號碼自助式取餐，服務迅速且因為有空調用餐，舒適度比本店高。

從事餐飲工作35年的陳翰銘來自馬來西亞宜保的農村，15歲後因幫忙打理家裡停止學業；從小對於食物的熱情，使他出社會第一份工作就踏入餐館學習。最早便是和香港師傅學習烹調油雞的，因此開店時也以香港油雞麵來取名。以前剛從事餐飲時曾經聽過米其林，但怎麼也沒想到這樣著名的美食評比會來到自己的小攤位，既使被通知入選米其林時，老闆陳翰銘還懷疑消息的真實性。

油雞滑嫩油亮的外皮加上鮮嫩的雞肉，和醃製過烤到剛好的叉燒，用心程度超乎一般的標準。

特色美食

傳統西班牙料理風味

Esquina

MAP P.123／B3

C出口
步行約3分鐘

DATA

🌐 esquina.com.sg ✉ 16 Jiak Chuan Rd., Singapore
📞 (65)6222-1616

　　位於路口的Esquina在西班牙文是小角落的意思，如同店名，店內吧檯旁的高腳坐只能容納10幾個人，每到傍晚總是一位難求，週末10點走進這裡，大概得等上半小時才能入座，深受當地歐美住民訪客喜愛。

　　店內隨性的陳設，開放式廚房的設計，坐在吧檯看著眼前廚師們準備各式小菜，彷彿到了西班牙當地的Tapas酒吧；來自西班牙的主廚聚精會神的在送菜前做最後的檢查，每道料理看似隨興卻帶有巧思，將西班牙傳統的小酒館文化加上不同食材元素後重新組合。

　　經典的西班牙酒館下酒菜包括Grilled Spanish octopus，這是傳統Tapas料理；此外還有烤章魚和烤洋蔥加上西班牙臘腸的Chorizo，以及伊比利豬臘腸做的可樂餅配上特製的紅椒美奶汁等。每道菜的分量適中，2～3人適合點5～8道菜一起分享。

休閒娛樂

紐約熱門雞尾酒吧

Employees Only

MAP P.123／D3

A出口
步行約8分鐘

DATA

🌐 employeesonlysg.com ✉ 112 Amoy St. 📞 (65)6221-7357
💲 雞尾酒價格不等，約15元左右

　　這是一間從紐約紅到新加坡的祕密酒吧。在一個外表不甚起眼的店屋下，走進去完全成為金融區上班族以及歐美旅客享受的新天地，店內人多且相當熱鬧。本店入選為2023年亞洲50最佳酒吧，除了選擇豐富的精湛調酒之外，還會不定期舉辦各種活動並聘請知名的客座調酒師，良好的店內氛圍也是受歡迎的原因之一。

東北線
North East Line

前往其他島嶼的中繼站

港灣站
Harbour Front (NE1)

港灣站 Harbour Front	歐南園站 Outram Park	牛車水站 China Town	克拉碼頭站 Clarke Quay	多美歌站 Dhoby Ghaut	小印度站 Little India	花拉公園站 Farrer Park
終點站 NE 1	NE 3	NE 4	NE 5	NE 6	NE 7	NE 8
環狀線 (CC29)	湯申-東海岸線 (TE17) 東西線 (EW16)	濱海市區線 (DT19)		南北線 (NS25) 環狀線 (CC1)	濱海市區線 (DT12)	榜鵝站→ Punggol (NE17)

港灣站周邊街道圖

📷 花柏山

花柏山景 📷 🚡 新加坡空中纜車

Telok Blangah Rise

Mount Faber Rd.

Mount Faber Rd.

Lower Delta Rd.

Lower Delta Rd.

Seah Im Rd.

Mount Faber Rd.

Temenggong Rd.

Telok Blangah Rd.

West Coast Highway

港灣站
D **HarbourFront**

A

CC 29 NE 1

Harbourfront Pl.

B

C

E

新加坡空中纜車 🚡

怡豐城 🌳

Maritime Sq.

Mantime Sq. Harbourfront Ave.

Keppel Terminal Ave.

■ FairPrice Xtra-VivoCity
■ CHARLES & KEITH
■ PAZZION
■ Le Senza
■ 玩具反斗城
■ Marche
■ 莆田
■ 滿記甜品

北

港灣中心

往聖淘沙 ↓

位於新加坡本島最南端，港灣地鐵站對旅客來說如同運輸中繼站一般，可以從這裡搭乘輕軌電車、纜車、巴士前往外島聖淘沙(Sentosa)，或是到港灣中心的新加坡遊輪中心搭乘遊輪，前往其他國家，鄰近島嶼像是印尼巴淡島(Batam)或公海行程。新加坡最大的購物中心怡豐城也在這，到了晚上可以上接近港口的花柏山看夜景，港灣站可以滿足一家大小的不同喜好及需求。

3大推薦地

作者最愛

FairPrice Xtra – VivoCity

新加坡最大超市,可將所有食物伴手禮一網打盡。開放式廚房現買現煮的生鮮攤位,逛累了還可以直接在這享受新鮮料理。(P.143)

觀光客必訪

新加坡空中纜車

從高空俯瞰新加坡,將港灣區域和聖淘沙盡收眼底。聖淘沙島內也可搭乘喔!(見P.140)

在地內行推薦

怡豐城

交通便利、好吃好逛的購物中心怡豐城,能讓全家大小在此開心休閒玩樂,找到自己最感興趣的主題度過假日時光。(見P.142)

遊賞去處

Singapore Cable Car

新加坡空中纜車

DATA

MAP P.139 / A4

B出口
步行約8分鐘

🌐www.mountfaberleisure.com ✉3 Harbourfront Place, #16-00 Harbourfront Tower 22 💲官網特價來回票大人(13歲以上)28元、小孩(4~12歲)20元;現場購票多次搭乘大人(13歲以上)45元、小孩(4~12歲)35元

入聖淘沙除了開車、步行與輕軌外,其實還可以選擇搭乘纜車。新加坡空中纜車共有2條路線,一條是「花柏山線」、另一條是「聖淘沙線」。如果行程較緊湊可直接從港灣站搭乘纜車進入聖淘沙,若較有餘裕不妨從花柏山站開始搭乘。空中纜車不定期會有主題車廂的活動,很受到小朋友的喜愛。

Mount Faber
花柏山

遊賞去處 DATA

MAP P.135／B1
D出口
步行約15分鐘

http www.nparks.gov.sg

很多旅客覺得新加坡很人工，多數景點都是硬體設施打造出來，缺乏自然景觀，但其實新加坡多數的自然保護區，都保持著原始的生態環境，彷彿世外桃源般讓初次造訪的人驚豔不已。當然絕大多數的景觀也都距離地鐵站一定的距離，除了2009年規畫的人行步道，從南端的港灣地鐵站附近開始的花柏山步道，經過花柏山再到南部山脊步道亨德森波浪人行橋，沿路的自然叢林生態和高架景觀步道，都讓人讚歎不已，若體力夠好，還可一路挑戰到西部的Hort Park。

記得穿著舒適輕鬆的衣物鞋子，看似簡單的步道，實際上走起來還挺費勁的呢！

Mount Faber Peak
花柏山景

遊賞去處 DATA

MAP P.139／B1
D出口
步行約15分鐘

http www.mountfaberleisure.com ✉109 Mount Faber Rd., Singapore 099203

位於花柏山山頂和聖淘沙纜車的起始站，同一棟建築物中聚集了數間餐廳，包含Arbora Hilltop Garden & Bistro和Dusk Restaurant & Bar。假日也可以常看見新人在此舉行證婚儀式與婚禮，在美景與親朋好友的祝福下非常浪漫。無論是白天黑夜都有不同的景色可欣賞，週末人潮較多建議用餐須先預訂。

Harbour Front Centre
港灣中心

遊賞去處 DATA

MAP P.135／B4
A出口
步行約1分鐘

http www.harbourfrontcentre.com.sg ✉1 Maritime Square, Singapore 099253 ☎(65)6377-6311

　　港灣中心是與怡豐城和國際遊輪中心相連結的小型購物中心，商場內有不少觀光客喜愛的餐廳，如松發肉骨茶、亞坤、芳土司，還有連鎖酒吧Harry's Bar。若對通往印尼巴淡島(Batam Island)和民丹島(Bintan Island)行程有興趣的旅客，也可到商場內的船公司如Sindo Ferry、Batam Fast及Majestic Fast Ferry詢問船票和行程，安排一趟印尼島嶼之旅。

Vivo City
怡豐城

購物血拼 DATA

MAP P.135／C4
C出口
步行約1分鐘

http www.vivocity.com.sg ✉1 Harbour Front Walk
☎(65)6377-6860

　　2006年底開幕的怡豐城，目前是新加坡最大的購物中心，占地25公頃，應有盡有的服務和店家，提供了一站式購物選擇，聚集了時裝品牌和多間平價精品如CHARLES & KEITH。頂樓的開放休閒空間可以遙望到對面的聖淘沙島，另有提供專屬國外旅客的優惠和折扣，可在B2樓和1樓的旅客服務台索取旅客優惠卡Tourist Privilege Card，包含多樣品牌餐廳旅客專享優惠折價券。

怡豐城購物精選

玩具反斗城

🌐 www.toysrus.com.sg ✉#2-183

　　這間位於怡豐城內的玩具反斗城非常大，除了琳瑯滿目的玩具陳設外，還有不少玩具提供試玩，是小孩們的天堂。配合怡豐城觀光客族群眾多，門口還展示著與新加坡旅遊相關的主題，例如以樂高所製作出的魚尾獅。

FairPrice Xtra-Vivo City

🌐 www.fairprice.com.sg ✉ B2-23 ☎ (65)6261-0803

　　新加坡的平價連鎖超市FairPrice分布在新加坡各地，提供最優惠的價格受到當地人極大的歡迎。在這間兩層樓的旗艦店中，除了種類眾多齊全，另外在生鮮肉品區的旁邊設有開放式廚房，提供顧客在生鮮櫃檯購買水產與肉品後，可直接在超市內的用餐區，享受員工在開放式廚房料理後的食物，海產餐廳和超市的結合很有特色，超市內也有咖啡廳，消費購買後可在用餐區享用。

PAZZION

🌐 www.pazzion.com ✉#02-188A ☎ (65)6876-9137

　　在台灣還沒有專櫃的新加坡女性平價皮鞋配件品牌，和CHARLES ＆ KEITH以及Pedro為三大新加坡平價超值品牌，特色是可以折疊的平底娃娃鞋，方便攜帶不占空間，小羊皮製作鞋身和鞋墊非常的柔軟，好穿不磨腳，100元以下的真皮皮鞋來說C/P值非常高，種類款式眾多。

CHARLES & KEITH

www.charleskeith.com/sg ✉ #02-184/185 ☎ (65)6376-5013

　　1996年成立的新加坡女性平價皮鞋皮包品牌，品牌店面遍及全球，雖然台灣已經有門市但是在新加坡的價差還是值得一看，款式變化多，不定期還有折扣優惠。

La Senza

www.lasenza.com ✉ #01-184 ☎ (65)6376-9821

　　在台灣還沒有專櫃的加拿大女性內衣商店La Senza，在網路上已經有不少代購，來到新加坡不妨來逛逛，不定期折扣特價的促銷活動，風格類似維多利亞祕密，走性感俏皮路線鎖定20～40歲女性消費者，款式眾多，另有周邊商品特賣。

　　其中膚色還有黑色的無痕內衣，罩杯升級的無痕款還有無痕內褲非常受歡迎，無肩帶內衣系列在鋼圈旁有加上膠條，即便夏天出汗也不容易下滑。各類花俏的情趣內衣還有睡衣，運動型內衣和運動服飾種類眾多，喜歡歐美風格內衣的女孩別錯過了。

The Pet Safari

www.thepetsafari.com/sg/store_vivo.html ✉ #03-03

　　位於購物中心Vivo City 3樓的The Pet Safari寵物店，是寵物愛好者不可錯過的商店之一，裡面除了歐美進口的寵物用品，寵物用品也橫跨兩棲類，店員非常的熱心，若有任何寵物方面的疑難雜症也可在此詢問。

HONEYMOON DESSERT

www.honeymoon-dessert.com ✉ #01-70 ☎ (65)6837-0027

　　從香港來的甜品名店以新鮮水果及榴槤甜品等港式美食出名，招牌有楊枝甘露、牛奶加熱烤杏仁核桃的琥珀果仁雙皮奶、芝麻糊，還有新加坡特色加了泰國黑糯米和香草的榴槤忘返、榴槤Pancake等多款美食。

莆田

http www.putien.comm ✉ #2-131

連續7年獲得米其林一星的莆田吉真路總店，除了在新加坡亦在國際間打開知名度，作為新加坡福建菜的代表餐廳，目前在新加坡已有20間分店。這間位在怡豐城的莆田非常受遊客歡迎，推薦的必點菜色有福建紅菇海鮮滷麵和興化炒米粉，店內更可看見作家蔡瀾曾題字的「福建海鮮滷麵」墨寶複製看板。莆田不只用美食吸引客戶，並以優質的服務著稱，是不少新加坡人選擇招待外國友人的餐廳之一。

Marche

http marche.moevenpick.com ✉ #03-14
☎ (65)6376-8226 💲 10～30元

這間講求有機新鮮食材的瑞士連鎖餐廳，有著可愛溫馨的布置陳設，自助的點餐方式，客人需要走到每個供應不同菜色的攤位，選擇自己喜愛的，各式各樣的餐飲甜點選擇，和新鮮的食材擺設，彷彿置身歐洲市場般。在進入餐廳前，首先得在櫃檯領取一張餐卡，依照客人喜好走到攤位前點選，同時給與餐卡記錄，餐卡在用餐完畢後出口處結帳。這種可以先看到食材以及烹煮方式和實際餐點的設計，真的是比一般看菜單點菜有趣了多呢！

新加坡購物退稅注意事項

在大型購物中心以及店家購物時，別忘了確認是否能夠退稅，記得索取發票和退稅單。可以退稅的店家，無論是用現金或是信用卡付款，當天當店購物滿100元以上即可退稅。

為了在離境時能夠更方便快速的使用自動退稅機，消費者可以選擇退稅金額直接轉進信用卡戶頭的退款方式，結帳時告知店員要做電子旅行退稅計畫票據(eTRS)，需要檢驗護照和信用卡，拿著這張電子旅行退稅計畫票據，在機場可使用自動退稅機退稅。

東西線
East West Line

聚集創意精品小店的潮區

中峇魯站
Tiong Bahru (EW17)

聯邦站
Commonwealth

女皇鎮站
Queenstown

紅山站
Redhill

中峇魯站
Tiong Bahru

歐南園站
Outram Park

丹戎巴葛站
Tanjong Pagar

萊佛士坊站
Raffles Place

EW 20 — EW 19 — EW 18 — EW 17 — EW 16 — EW 15 — EW 14

湯申-東海岸線 東北線
(TE17) (NE3)

南北線
(NS26)

←大士連路站
Tuas Link (EW33)

樟宜機場站
Changi Airport (CG2)

巴西立站→
Pasir Ris (EW1)

中峇魯站周邊街道圖

中峇魯的「中」字原為福建話發音的「塚」，而「峇魯」則是馬來語「新」的意思，直到1920年這裡還有不少墓地。十幾年前開始都市更新計畫、進駐獨立咖啡廳以後，近年來成為新加坡的潮區之一，有著許多獨立創意小店，像陳設了許多新加坡工藝品和小雜貨的Cat Socrates、用貨櫃所打造的水療中心Nimble and Knead、童書店Woods in the Books，以及重新裝修的傳統市場，還有中峇魯市集裡的人氣小吃。這裡除了市集、選物店、麵包店好逛，也是新加坡第一批國宅的所在地，白色低樓層和高樓層政府屋林立，二戰後的建築和新加坡街頭藝術家葉耀宗的作品散布在各街角巷弄內，值得一看。

147

3大推薦地

龍記

這裡的招牌粉絲蟹、鹹蛋排骨有著和其他連鎖餐廳不同的好風味，深受新加坡人的喜愛，是平價又有特色的新式海鮮餐廳。(見P.149)

👍 作者最愛

Tiong Bahru Bakery

新加坡的第一間創始店，每日推出新鮮出爐的烘培糕點，可頌酥脆香濃，祕訣就在於原料的選擇和不斷現烤，還有可愛的周邊紀念商品可當伴手禮。(見P.149)

👍 觀光客必訪

中峇魯市集

新加坡最好的小販中心之一，2006年時重建成為今天兩層樓的市集，1樓為生活用品傳統市場，2樓則是熟食攤販聚集的小販中心。(見P.148)

遊賞去處

Tiong Bahru Market

中峇魯市集

MAP P.147 / C2
S出口
步行約11分鐘

DATA

✉30 Seng Poh Rd., Singapore 168898 💲每人5～10元不等

新加坡最具代表性的傳統市場之一，1樓是傳統市集生食蔬果、日常用品和幾間超值平價花店。環境乾淨明亮的開放式2樓用餐空間，提供眾多新加坡道地的小吃選擇，受歡迎的店鋪有豆乾薄Tow Kwar Pop(攤位編號#02-06)、炒粿條Fried Kway Teow & Fried Oyster(攤位編號#02-08)、餛飩麵Zhong Yu Yuan Wei Wanton Noodle(攤位編#02-30)、印尼炸雞肉飯(Nasi Ayam Penyet)、Ali Corner(攤位編號#02-17)。空間大用餐時間來訪也有座位，是新加坡傳統美食的聚集地，可在這裡一次吃到多種當地美味。

全無麩質餐廳
The Butcher's Wife

MAP P.147／B3
A出口
步行約10分鐘

DATA

🌐www.thebutcherswifesg.com ✉19 Yong Siak St., Singapore 168650
📞(65)6221-9307 💲人均60元

　　新加坡十分少見的全無麩質餐廳，通常無麩質餐飲給人較單調乏味的刻板印象，但The Butcher's Wife卻讓餐點看起來一點也不無聊！從店門口的擺設開始就可以感受到店主的用心，店內的開放廚房區占了很大的區域，可以親眼看見料理的過程。熱門的菜色有蕈菇森林(Mushroom Forest)、炭烤西班牙章魚(Chargrilled Spanish Octopus)和炭烤和牛(Chargrilled Wagyu Picanha)。甜點則推薦店家特製的芭樂起司蛋糕羅密歐與茱麗葉(Romeo & Julieta)，外觀相當精緻吃起來口感也很特別。

廣獲街坊鄰居好評口碑的餐館
龍記

MAP P.147／D2
A出口
步行約15分鐘

DATA

🌐longjizichar.getz.co ✉253 Outram Rd.,169049 📞(65)9790-5682

　　龍記受到附近居民的歡迎，店裡少了觀光客，多了更多的特色新加坡式海鮮，平價親民的特色菜有和米粉一起煮的粉絲蟹、麥片蝦、青龍菜、鹹蛋排骨，另外還有帶點苦甜的咖啡排骨也非常有特色，廣獲街坊鄰居的好評口碑。如前往用餐人數多的話，建議提早訂位。

選料嚴格的糕點烘焙店
Tiong Bahru Bakery

MAP P.147／C2
A出口
步行約12分鐘

DATA

🌐www.tiongbahrubakery.com ✉56 Eng Hoon St., #01-70, Singapore 160056 📞(65)6220-3430

　　位於新加坡的第一間創始店，深受新加坡當地民眾及歐美外派職員的歡迎，每日提供新鮮出爐、香氣濃郁的烘培糕點，可頌嚼感酥脆氣味香濃，祕訣就在於原料的選擇和不斷現烤的手法，還有可愛的周邊紀念商品可當伴手禮。同時提供餐點與多款咖啡飲品，可現場品嘗。

東西線
East West Line

體驗庶民氣息與大啖在地小吃

丹戎巴葛站
Tanjong Pagar (EW15)

紅山站
Redhill
EW 18

中峇魯站
Tiong Bahru
EW 17

歐南園站
Outram Park
EW 16

丹戎巴葛站
Tanjong Pagar
EW 15

萊佛士坊站
Raffles Place
EW 14

政府大廈站
City Hall
EW 13

武吉士站
Bugis
EW 12

←大士連路站
Tuas Link (EW33)

湯申-東海岸線
(TE17)

東北線
(NE3)

南北線
(NS26)

南北線
(NS25)
樟宜機場站
Changi Airport (CG2)

濱海市區線
(DT14)

巴西立站→
Pasir Ris (EW1)

丹戎巴葛站周邊街道圖

牛車水美食街

佛牙寺龍華院

天福宮

麥士威熟食中心

新加坡城市展覽館
Singapore City Gallery

廈門街熟食中心
茶點
Syed Mohamed Drinks
亞成海南咖啡
源春馳名滷麵

nesuto

The Blue Ginger

丹戎巴葛站
Tanjong Pagar

EW 15

市中豪亞酒店

和 政府大廈以及萊佛士坊一樣，丹戎巴葛是在上班時段，承載最多繁忙上班族的地鐵站。丹戎巴葛除了辦公大樓，這個區域給人的刻板印象，還有林立的韓國餐館、成排的婚紗業者、入夜後開始的新加坡式的卡拉PUB和外觀深不見裡的陰暗酒吧，這樣灰暗的形象，讓丹戎巴葛算不上是受歡迎的夜生活地點，但這樣的狀況在這幾年有明顯改變，新加坡警察強力掃黃，加上越來越多異國餐廳的進駐，當地評論甚至指出這裡可能成為新加坡的第二個登布西山(Dempsy Hill)！

除了異國餐廳，歷史悠久的廈門街熟食中心(Amoy Street Food Centre)更是喜愛新加坡小吃的人不可以錯過的美食中心，深受新加坡人喜愛的老字號滷麵、海南咖椰吐司、印度拉茶，太多的美食等你來這裡發掘了！

151

新加坡達人 *Singapore*
3大推薦地

作者最愛
新加坡城市展覽館

從新加坡的城市規畫，了解一個國家過去的面貌和現在正在進行的轉變的深度介紹。免費參觀，團體導覽可事先預約。(見P.153)

觀光客必訪
廈門街熟食中心

2023年必比登推介的美食就有4間來自廈門街熟食中心，這裡可以說是吃貨的天堂，網羅了新加坡道地的傳統美食。(見P.155)

在地內行推薦
亞成海南咖啡

即使亞坤等新加坡式早餐連鎖店到處都是，像亞成海南咖啡這樣老字號，小販中心咖啡屋還是有他們的忠實粉絲，甚至連國外觀光客都慕名前來，一早就是要來這裡感受這新加坡道地的海南味。(見P.155)

遊賞去處

新加坡最古老的福建廟

天福宮

MAP P.151 / D2
G出口
步行約10分鐘

DATA

🌐 www.thianhockkeng.com.sg ✉ 158 Telok Ayer St.
📞 (65)6423-4616

天福宮是新加坡最古老的福建廟，這裡是福建海員為了祈求平安，在1821年修建的，原來在填海工程之前，這裡曾經是牛車水的海岸，現在海岸線已經延伸了5公里。正殿裡供奉著早期遠從廈門飄洋過海護送而來的媽祖，側殿供奉的是關公和保生大帝。

遊賞去處

Singapore City Gallery

新加坡城市展覽館

DATA

🌐 www.ura.gov.sg/Corporate/Singapore-City-Gallery　✉ 45 Maxwell Rd., The URA Centre, Singapore 069118
💲 免費

新加坡城市規劃局設立的免費展覽館，開放給大眾免費參觀，來到這裡可以了解新加坡最新的城市規畫建案，以及接下來的發展計畫，新加坡如何從一個毫無地理資源的小島，發展成今天這樣的個經貿繁榮的國家，除了政府領導人的決策，有效的土地規畫，推廣各區的教育發展以及生活機能，從立體新加坡地圖模型，窺看新加坡的地理規畫，寓教於樂的展覽館，團體拜訪可事先聯絡預約導覽。

有如藝術品的日式蛋糕

nesuto

DATA

httpwww.dear-nesuto.com 📧53 Tras St., #01-01, Singapore 078992 ☎(65)6980-5977 💲人均35元

nesuto是一間非常精緻的蛋糕店，雖然店名使用了日文，但老闆Alicia Wong其實是道地的新加坡人，她曾經在新加坡的五星級飯店嘉佩樂酒店擔任糕點師傅。店內的蛋糕都有如藝術品一般陳列在櫥窗中，每樣都看起來十分美味令人陷入選擇困難，較有特色的口味如焙茶(Konichiwa Hojicha)、日本芝麻(Japanese Goma)和柚子覆盆子(Yuzu Raspberry)，顛覆一般人對蛋糕口味的想像。這裡還有一點與一般咖啡廳不同，飲品的選項只有茶類而沒有咖啡，如果吃蛋糕一定要配咖啡的人可能就得考慮一下了。

傳統娘惹風味餐廳

The Blue Ginger

DATA

httptheblueginger.com 📧97 Tanjong Pagar Rd., Singapore 088518 ☎(65)6222-3928 💲人均50元

這是新加坡具有代表性的娘惹餐廳之一，已開業20多年，更連續三年被列入必比登推介之中。餐廳位於3層樓的店屋裡，別緻的擺設充分讓人感受到身處於娘惹文化，也有不少人選擇在此舉辦婚禮或私人宴會。娘惹的經典餐點牛肉仁當(Beef Rendang)、小金杯(Kueg Pie Tee)、五香(Ngo hiang)和百加雞(Ayam Buah Keluak)，都很值得試試看，娘惹菜多半偏辣，如果有不吃辣的旅客，建議避開菜單上有辣椒圖示的餐點。

Amoy Street Food Centre
廈門街熟食中心

MAP P.151／C3

G出口
步行約5分鐘

DATA

✉ 7 Maxwell Rd.　💲 一般熟食中心價格4～10元

和麥士威熟食中心(P.132)一樣，裡面聚集了不少讓新加坡人大老遠跑來品嘗的當地超人氣小吃店，就像到台灣一定要去品嘗夜市小吃一樣，來了新加坡也一定要來傳統的熟食中心或著名的小販中心走一趟，不僅可以將新加坡小吃一網打盡，也可以看到新加坡人日常的飲食文化，感受傳統熟食中心的氣息。

Ah Seng Hai Nam Coffee
亞成海南咖啡

MAP P.151／C3

G出口
步行約5分鐘

DATA

✉ 在廈門街熟食中心內(P.155)　💲 1～3元

除像是亞坤這樣連鎖的海南式咖啡館，新加坡不少小販中心也有許多受歡迎的海南咖啡老店，亞成就是其中一間，不少外國遊客慕名前來。由蛋黃、牛奶、椰子和糖自製的新加坡傳統「咖椰醬」，塗抹在用炭火烘烤到鬆脆的吐司上，這就是新加坡傳統海南早餐「咖椰吐司」，法國吐司則是在吐司上沾上蛋汁煎到金黃鬆軟，沾著咖椰醬調味，再配上一杯傳統的海南咖啡或用煉乳調製的奶茶，就是最適合下午的新加坡茶點或早餐選擇。

用黑話點咖啡

在新加坡的傳統早餐店或是亞坤等連鎖店點飲料，難免感到一頭霧水，Kopi C是什麼？Teh O又是什麼？先來惡補一下一連串的新式咖啡黑話吧！Kopi(福建話：咖啡)C或Teh(福建話：茶)C是海南話鮮的意思，指咖啡或茶加鮮奶和糖，Kopi或Teh則是加了煉奶，Kopi O或Teh O則是黑的意思，等於只加糖的茶和咖啡，Kopi Kosong或Teh Kosong(馬來話：空)則是咖啡和茶什麼都不加的意思。清楚了以後，像新加坡人一樣來用黑話來點杯咖啡吧！

東西線
East West Line

感受多國文化的生活風情

武吉士站
Bugis (EW12)

丹戎巴葛站
Tanjong Pagar

萊佛士坊站
Raffles Place

政府大廈站
City Hall

武吉士站
Bugis

勞明達站
Lavender

加冷站
Kallang

阿裕尼站
Aljunied

| EW 15 | EW 14 | EW 13 | EW 12 | EW 11 | EW 10 | EW 9 |

←大士連路站
Tuas Link (EW33)

南北線
(NS26)

南北線
(NS25)

濱海市區線
(DT14)

樟宜機場站
Changi Airport (CG2)

巴西立站→
Pasir Ris (EW1)

武吉士站周邊街道圖

- islamic
- 蘇丹回教堂
- Zam Zam
- CUBE精品膠囊旅館
- Bar Stories
- 四馬路觀音廟　白羅浮宮廣場
- EW 12 / DT 14
- 武吉士站 Bugis
- Blue Jazz Cafe
- ATLAS
- Jamal Kazura Aromatics
- Diva
- Bugis Junction
- Mr Stork
- 新加坡美術館
- 阿秋甜品

北

如果烏節站是名牌愛好者的血拼勝地，那麼武吉士站就可以算是大眾品牌愛好者的尋寶地，如果中國城是最具中國文化的代表地，那武吉士絕對是文化最多元、最有異國風情的代表地。從馬來傳統文化館(Malay Heritage Centre)到有191年歷史的蘇丹清真寺(Sultan Mosque)，再到充滿街頭塗鴉的哈芝巷(Haji Lane)的精品街區，或是地鐵前像是迷你五分埔的購物區白羅浮(Bugis Village)，每個小區都有著截然不同的樣貌，足以花上一天去理解這裡的文化以及歷史。

過去曾經在這裡著許多的水煙餐廳，如今雖然禁止水煙在街道上擺設，卻多了許多精緻調酒吧以及特色餐廳進駐，這裡依舊充滿了異國風味，和巷弄中出奇不意的驚喜。

新加坡達人 *Singapore*
3大推薦地

作者最愛
ATLAS

曾獲選為世界第八排名的酒吧，以高雅沉靜的格局讓來此品酒的人們感到放鬆愉快。藏有不同年代名酒，廣獲酒客歡迎。(見P.163)

觀光客必訪
Zam Zam

價格親民的煎餅店，半開放式的煎餅餐廳，現揉現煎煎餅搭上印度拉茶和各式咖哩，還有中間包裹著羊肉的煎餅也非常人氣，來這裡體驗新加坡的平民小吃。(見P.162)

在地內行推薦
蘇丹清真寺

以美麗金色洋蔥圓頂為注目景觀的清真寺，是新加坡回教信仰的中心，帶給人們心中的力量。(見P.159)

遊賞去處

Kwan Im Thong Hood Cho Temple | MAP P.157／B2

四馬路觀音廟

C出口
步行約10分鐘

DATA

✉178 Waterloo St. ☎(65)6337-3965

剛來新加坡的時候，老聽當地的朋友說新加坡的觀音廟很靈，建議可以去拜一下、抽個籤，看看最近的運勢如何，疑難雜症也心誠則靈。姑且不管這裡的觀音是不是這麼神奇，光是經過看到香火旺盛的光景，就知道這間139年的四馬路觀音廟，早已從當地信仰演變成國外觀光景點。印有中英翻譯的籤紙，除了方便閱讀，也提供雙語的解籤本，要是不清楚，還可以問寺廟的服務檯人員，通常都會熱心地解釋。

遊賞去處

Sultan Mosque

蘇丹回教堂

DATA

http www.sultanmosque.sg ✉3 Muscat St. ☎(65)6293-4405

MAP P.157／D1
B出口
步行約10分鐘

這是新加坡最主要的回教堂，1826年在東印度公司的捐助下建立，目前的這座建築則是設計新加坡紀念碑的愛爾蘭設計師Denis Santry於1928年重建，金色洋蔥型屋頂也成為最受人注目的外觀。禱告大廳空間寬敞，可以同時容納5,000人朝拜。

購物血拼

專屬個人的獨特香水

Jamal Kazura Aromatics

DATA

✉21 Bussorag St. ☎(65)6293-3320 ⑤10ml約10元左右

MAP P.157／D2
B出口
步行約10分鐘

這間阿拉伯香水專門店裡的香水標榜取自天然花草，不含酒精、香料，老闆熱心的介紹下，客人可以依造自己的喜好，調製專屬於個人獨一無二的香水，可選擇色彩豐富、造型精緻的香水瓶做搭配，送禮或是自用都很有特色。

Bugis Village
白羅浮宮廣場

MAP P.157／C2
C出口
步行約3分鐘

DATA

✉At the corner of Victoria St. and Rochor Rd .

台灣有五分埔，新加坡有白羅浮。白羅浮的衣物用品大多來自於東南亞或是中國，和流行韓版、日版的五分埔不太一樣。1樓是開放式店家，大多販賣紀念品和東南亞成衣以及新加坡小吃和馬來西亞進口食品專賣店。

2、3樓像是進階版的五分埔，但是多了冷氣空調以及質感較好的服裝店，也像是西門町的萬年大樓的獨立小鋪，以女性服飾為主，仔細尋找往往也可以找到出奇不意的新鮮貨，當伴手禮既特別又別出心裁呢！

娘惹風室內購物街
Bugis Junction

MAP P.157／C3
C出口
步行約1分鐘

DATA

🌐www.capitaland.com/sg/malls/bugisjunction ✉200 Victoria St., #02-11 ☎(65)6631-9931

位於武吉士地鐵站上方，由3層樓高的娘惹風店屋並排組合而成的室內購物街，透光的玻離天花板設計，讓購物中心增添了寬敞空間感，是新加坡有特色的購物中心之一，聚集了140多間獨立店面和3樓Seiyu百貨相連。

歷史悠久的印度餐廳
islamic

MAP P.157／D1
B出口
步行約7分鐘

DATA

🌐islamic.sgg ✉745 North Bridge Rd. ☎(65)6298-7563
💲約10元／人

這家已有百年歷史的印度餐廳，復古簡單的用餐環境加上合理的價格，經過三代老闆承襲仍然毅力不搖，號稱是新加坡最早賣印度飯(Briyani)的餐廳。最受當地居民歡迎的是印度羊肉飯(Mutton Briyani)，也有印度雞肉或是魚肉飯，另外印度煎餅(Murtabak)和各式印度咖哩也很受歡迎。

特色美食

港式糖水甜品

阿秋甜品

MAP P.157 / C3
C出口
步行約10分鐘

DATA

✉1 Liang Seah St., #01-11 ☎(65)6339-8198

　　這間甜品店有著所有港式糖水甜品，絕對不能錯過的就是「楊枝甘露」，加上芒果塊、柚子果粒和碎冰的清爽口感，在炎熱的天氣下替人瞬間降溫，同時補充水分和維他命C。

特色美食

有如草間彌生畫作的迷幻世界

Blue Jazz Cafe

MAP P.157 / D2
B出口
步行約10分鐘

DATA

🌐blujazzcafe.net ✉11 Bali Lane ☎(65)6292-3800 💲16～30元

　　阿拉伯區最有人氣的餐廳之一，除了固定時間的爵士演奏，不定期舉辦的活動也是吸引人潮的重要原因，戶外隨性搶眼的空間裝飾，讓一般老舊的民宅超現實地化身成了全新的異空間，彷彿到了草間彌生畫作裡的迷幻世界。輕鬆的戶外半開放式的壁幕環境，是足球賽季時球迷聚集的地方。2樓是DJ營造了完全不同氛圍的舞池空間。網站上不斷更新最新活動，來之前不妨上網看看有沒有喜歡的音樂表演吧！

特色美食

坐擁日夜景的空中花園酒吧

Mr Stork

MAP **P.157/D3**

B出口
步行約7分鐘

DATA

http www.hyatt.com/andaz/sinaz-andaz-singapore/dining/mr-stork
✉5 Fraser St., Level 39, Andaz 189354 ☎(65)9008-7707 ⑤人均
50元

新加坡每日約18:40～19:00天
黑，建議約晚上6點前往，可以同
時欣賞到日景與夜景。假日晚間人
潮眾多，可提前上官網預約，用餐
時間為2小時。由於全餐廳只有戶
外座位，遇到下雨時沒有室內座位
可調配，建議避開雨天時前往。

特色美食

受歡迎的馬來酥脆煎餅

Zam Zam

MAP **P.157/D1**

B出口
步行約15分鐘

DATA

http zamzamsingapore.has.restaurant ✉697 North Bridge Rd.
☎(65)6298-6320 ⑤5～10元

這間平民化的馬來煎餅店，一般煎餅
(Roti Prata)可以選擇加洋蔥或雞蛋起司，
口感像是手抓餅，鬆軟的麵團在師傅反
覆甩過鬆軟後，在鐵板上煎到酥脆。Roti
Prata的升級版是Murtaba，在餅皮內加入
了羊肉雞肉等不同選擇內餡，最受歡迎的
是現點現煮的咖哩魚頭和眾多咖哩料理。

品味十足格調高雅的頂級酒吧

休閒娛樂

ATLAS

MAP P.157 / C2
E出口
步行約2分鐘

DATA

atlasbar.sg ⊠Parkview Square, 600 North Bridge Rd., Singapore 188778 (65)6396-4466 $25元起

　近年連續獲得世界百大酒吧和亞洲50大酒吧殊榮，驚人調酒的實力和服務不在話下，世界各地的琴酒收藏眾多，還有會員制的The Juniper Society琴酒俱樂部，入會後可參加不定期的琴酒主題活動。走進大廳挑高的格局和沉靜高雅以黑色和金色為主軸的開放式空間，詮釋著美國19世紀末期財富突飛猛進的時期，以及有數百萬歐洲人來到美國的Gilded Age(鍍金時代)，那時期的代表性產物莫過於琴酒和香檳。這裡有著範圍極廣的收藏，以及專研香檳和琴酒的品酒師及研究人員(Sommelier & Master of Gin)，私人家族的酒窖如數家珍的葡萄酒和威士忌收藏也歡迎酒客拜訪。

杯杯驚豔動人的雞尾酒

休閒娛樂

Bar Stories

MAP P.157 / D2
B出口
步行約4分鐘

DATA

barstories.com.sg ⊠55-57A Haji Lane (65)6298-0838

　以花式調酒出名，別有洞天的吧檯空間，這裡沒有酒譜，告訴吧檯人員想要的基調和口味，無論式造型還是口感，杯杯都是令人驚豔的雞尾酒。另外小菜也不馬虎地讓人垂涎三尺。

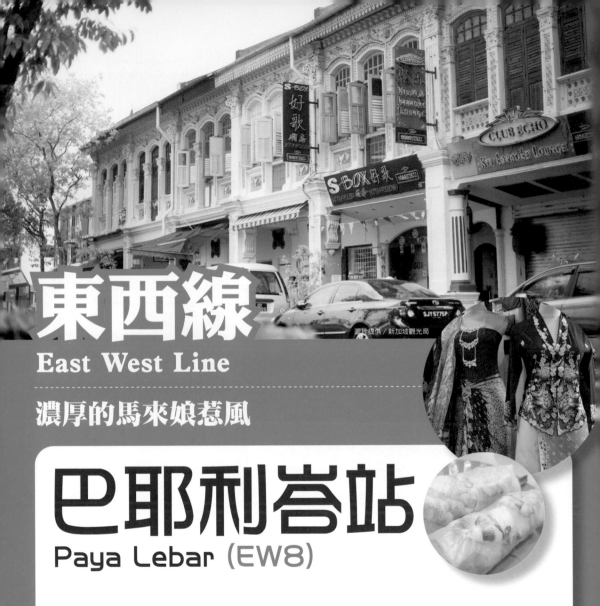

東西線
East West Line

濃厚的馬來娘惹風

巴耶利峇站
Paya Lebar (EW8)

勞明達站 Lavender	加冷站 Kallang	阿裕尼站 Aljunied	巴耶利峇站 Paya Lebar	友諾士站 Eunos	萬景岸站 Kembangan	勿洛站 Bedok
EW 11	EW 10	EW 9	EW 8	EW 7	EW 6	EW 5

←大士連路站
Tuas Link (EW33)

環狀線
(CC9)

樟宜機場站
Changi Airport (CG2)

巴西立站→
Pasir Ris (EW1)

巴耶利峇站周邊街道圖

芽籠士乃市場

Hjh Maimunah Restaurant

Haig Road Food Centre

歐亞人文化館

金珠肉粽

Bird of Paradise Gelato Boutique

EW 8
CC 9
巴耶利峇站
Paya Lebar

這裡是最大的新加坡馬來人居住地，從以前就是馬來村落的芽籠士乃區域，和馬來人與華人通婚俗稱娘惹文化濃厚的如切路一帶，可以感受到與市區完全不同的傳統文化氣息，許多美食以及特色小店全都聚集在此。可以在這裡看到馬來人習俗回教生活的另一面，馬來婚紗店、馬來服飾訂做布行、馬來娘惹傳統小吃甜食鋪、手工藝品店等有趣的商店。

3大推薦地

作者最愛

Haig Road Food Centre

　　想要體驗正宗的馬來或印尼料理來這邊就對了，可以一次品嘗到多種經典美食。這個熟食中心分成好幾個區塊，部分區塊只販售清真餐點。(見P.167)

觀光客必訪

芽籠士乃市場 (Geylang Serai Market and Food Centre)

　　2009年翻新的芽籠士乃市場，保持著馬來村落的建築風格，這乾淨清潔的馬來傳統市場，有著各式各樣的馬來風味小店等你來尋寶。(見P.167)

在地內行推薦

Hjh Maimunah Restaurant

　　超人氣馬來餐廳，實在的價格、自助餐式的多樣選擇，是巴耶利塔一帶最受新加坡人歡迎的馬來餐廳。(見P.168)

購物血拼

Geylang Serai Market and Food Centre

芽籠士乃市場

MAP P.165 / B1
E出口
步行約10分鐘

DATA

✉1 Geylang Serai

2009年從新翻修整頓後的芽籠士乃市場，有著馬來村落建築的外觀，1樓整潔的傳統市場攤位，和2樓各式馬來文化中的生活用品店，這種一站式的馬來購物經驗，更凸顯了它在回教文化中的重要性，不被連鎖超市所取代的地位，在這裡不但可以感受到馬來文化傳統的一面，許多烹飪香料也可以在乾貨店以實惠的價格購買到。

購物血拼

正宗的馬來料理

Haig Road Food Centre

MAP P.165 / B1
E出口
步行約7分鐘

DATA

✉14 Haig Rd., Singapore 430014

Haig Road Food Centre周圍相當熱鬧，除了擁有70多個攤位的熟食中心外，附近也有不少賣蔬果的攤位以及雜貨店，許多馬來人都會在這裡採買，因此可以看到一些我們比較不熟悉的食材。如果想嘗試看看平價馬來或印尼料理，這裡有非常多的選擇，例如經典的馬來滷麵(Mee Rebus)、沙嗲(Satay)、印尼雞湯(Soto Ayam)、羊肉湯(Mutton Soup)等，都可以輕易地找到。不過許多馬來料理都非常辣，不吃辣的遊客建議先行詢問店家。

購物血拼 擁有三大購物中心

巴耶利峇商圈

MAP P.165 / A1
A/B/E出口
步行約1分鐘

　　巴耶利峇車站周邊有3間大的購物中心，分別為Paya Lebar Square、PLQ Mall與SingPost Centre，其中Paya Lebar Square與PLQ Mall地下室與車站直通。這3間購物中心涵蓋了大多數的新加坡連鎖餐廳和商店，適合安排在購物行程或雨天備案中。由於是當地人也很常光顧的商場，餐廳價位從平價的5元美食街到高檔的餐廳皆有，本地品牌的服飾店也很值得逛逛。

特色美食 美味平價的馬來餐廳

Hjh Maimunah Restaurant

MAP P.165 / B1
E出口
步行約10分鐘

DATA

🌐 www.hjmaimunah.com ✉ 20 Joo Chiat Rd., #01-02 ☎ (65)6348-5457
💲 4元起

　　巴耶利塔這一帶最受歡迎的馬來餐廳，中午時間排隊人潮擠滿走廊的情景天天可見，除了美味平價和多元的菜色選擇是受歡迎的主因。由椰奶及各種香料烹煮而成的咖哩羊肉(Beef Rendang)、辣椒花枝(Sambal Sotong)、煮波羅蜜(Lemak Nangka)，開放自助式的點餐方式，就算看不懂菜單也不用擔心，直接看食物選取的方式，很適合第一次要嘗試馬來食物的人。這裡的甜點馬來糕也很受歡迎。

特色美食 Kim Choo Kueh Chang
金珠肉粽

`MAP P.165／D4`
B出口
步行約25分鐘

DATA

🌐 www.kimchoo.com ✉ 111 E Coast Rd., Singapore 428801
📞 (65)6741-2125

　　1945年開業的金珠肉粽,在新加坡已經成為娘惹的
代名詞之一。這裡除了各種娘惹風味小吃、娘惹紀念
品茶具,還有各項讓人深入了解娘惹文化的付費活動,
例如娘惹珠繡工作坊(每人65元,最少5人開班),還有
精品導覽團(每人19元,最少15人成團),可試吃娘惹糕
點、觀賞珠繡工藝示範以及學習娘惹的文化歷史。

特色美食 多樣口味義式冰淇淋
Birds of Paradise Gelato Boutique

`MAP P.165／D4`
B出口
步行約25分鐘

DATA

🌐 birdsofparadise.sg ✉ 63 East Coast Rd., #01-05, Singapore
428776 📞 (65)9678-6092

　　在地受歡迎的Gelato義式冰淇淋店,標榜採用熱帶香
草香料水果為原料,有許多獨特的冰淇淋口味, 像是
羅勒薑味、肉桂加梨子、檸檬草和伯爵茶、白菊花口味
等都非常受歡迎。員工非常友善貼心,可以先試吃不同
口味之後再做選擇。現場也有銷售不含奶的雪酪(Sor-
bet),適合有乳糖不耐症的人品味嘗試。

東西線
East West Line

整座機場是大型生活娛樂城

樟宜機場站
Changi Airport (CG2)

濱海市區線
(DT32)

四美站
Simei

EW 3 ‖‖‖‖‖‖ **EW 2** ‖‖‖‖‖‖ **EW 1** 終點站

巴耶利峇站　　　友諾士站　　　萬景岸站　　　勿洛站　　　　　　　　淡濱尼站　　　巴西立站
Paya Lebar　　　Eunos　　　Kembangan　　　Bedok　　　　　　　　Tampines　　　Pasir Ris

‖‖‖ **EW 8** ‖‖‖ **EW 7** ‖‖‖ **EW 6** ‖‖‖ **EW 5** ‖‖‖ **EW 4** ‖‖‖ **CG 1** ‖‖‖ **CG 2** 終點站

南北線
(CC9)

←大士連路站
Tuas Link (EW33)

丹那美拉站　　　博覽站
Tanah Merah　　Expo

濱海市區線
(DT35)

樟宜機場站
Changi Airport

首次拜訪新加坡的旅客，實在很難不被樟宜機場的貼心服務和完善的硬體設施感到讚嘆。新加坡樟宜機場在2023年被Skytrax評選為世界最佳機場，另外也同時獲得全球最佳機場餐飲、全球最佳機場休閒設施和亞洲最佳機場獎，堪稱實至名歸。

樟宜機場至今獲得12次最佳機場殊榮，這座亞洲最大機場之一，距離新加坡市區海灣舫約20公里距離，有100個航空公司在此營運，飛往全世界各地400個城市，100個國家的班機。機場有4個航廈，呈現U字型排列，2019年4月開幕的星耀樟宜，位於U字型的底端，機場的中心，連接著第一、第二和第三航廈，旅客可透過地鐵系統和高架列車以及步行往返這三個航廈。第五航廈預計在2030年啟用。

在第三航廈落成後，樟宜機場儼然成了多功能娛樂城，可拿到如同購物中心指引般的機場消費手冊，告訴你最新的特價品和新開幕的餐廳，更顛覆一般機場不合理價格的刻板印象，內有平價連鎖超市Fair Price、一般購物中心的美食街，熱門新加坡連鎖餐廳、酒吧、美容院、游泳池、兒童遊戲區，更有24小時電影劇場提供免費電影頻道播放、無

限寬頻上網，也難怪半夜來機場也可以看見咖啡廳裡滿是拿著筆電上網討論作業的新加坡學生，樟宜機場的完善設備也成了機場附近居民的另一個休閒選擇。

剛到新加坡出境前，不妨也先造訪位於第二、第三航廈2樓的旅客服務中心，索取第一手最新的節慶資訊以及旅遊建議。另外，在出境廳可免費打新加坡當地電話的服務。機場內的連鎖餐廳和購物地點，也讓離境或過境的旅客滿足在新加坡的大部分消費需求，若是過境時間超過5小時，另可在樟宜機場內的旅客服務中心報名免費市區旅遊，網址：www.changiairport.com。

1 往返各航廈之間的接駁列車 2 針對旅客到此一遊的壓畫設計，讓大人小孩都忍不住留下紀念 3 機場有許多隨手可得的免費旅遊資訊和地圖 4 眾多的餐飲購物選擇，就算轉機時間長也不怕無聊 5 多樣兒童遊戲區，連機場附近的居民都忍不住把小孩帶來機場打發時間呢

 特色美食

椰漿飯有4種選擇

旺角 Heavenly Wang

DATA

http www.heavenlywang.com ✉第一航站2樓公共區域 #02-04

旺角是新加坡知名的連鎖咖啡店，而這間位在離境大廳的分店還有販售椰漿飯等餐點，這裡的椰漿飯比較特別的是可以自己選擇飯的種類，除了最一般的椰漿飯(Nasi Lemak)之外，還有黃薑飯(Nasi Kuning)、香草飯(Nasi Ulam)和藍花飯(Nasi Kerabu)可以自選。搭配上招牌的醃製雞腿或仁當牛肉，是許多遊客回國後念念不忘的一味。

 特色美食

有鍋氣的拉麵

WOKE Ramen

DATA

http wokeramen.com.sg ✉第一航站3樓公共區域，#03-19B

新加坡人煮飯講求鍋氣，而這間人氣拉麵店就是將日式拉麵的精髓和新加坡人最愛的鍋氣結合在一起，號稱是全新加坡第一間有鍋氣的拉麵店。店內開放式的廚房可看見廚師正拿著大鍋炒麵，這和一般拉麵店的煮麵場景很不一樣，湯頭有雞和蝦的選擇，味道相當濃郁。這裡也有提供吧檯座位，一個人前往用餐的旅客也很多。

樟宜機場官方APP

無論是來新加坡旅遊或只是來轉機的旅客，都很推薦安裝樟宜機場的官方App「Changi」。App的功能相當齊全，除了可以查詢劃位櫃位置外，還能看見所有離境出境的航班動態。關於各航站的餐廳、商店資訊，也可以透過App直接查詢，對旅客來說相當方便。

第二航站

第二航站歷經3年翻新完成，除了各項硬體設備升級外，更在機場造景和觀光景點上增添了不少巧思。例如從前知名的大型翻牌式航班資訊顯示器，雖然現已不復存在，但卻留下Flap Pix，遊客可自行選擇圖案或將自己的臉反映在翻牌上。另外離境大廳員工出入口處新增了LED瀑布The Wonderfall，搭配逼真的水聲和配樂，讓旅客彷彿置身於瀑布之下。

復古風的古早味板麵
特色美食
有間麵館
DATA

🌐 www.gonoodlehouse.com.sg
✉ 第二航站3樓公共區域，#03-24/25B

來自馬來西亞的麵館有著讓人印象深刻的擺設，店門口濃濃的中國風裝潢非常吸睛，提供多種麵食選擇，客人可自行選擇湯頭、配料和面的種類，招牌醬爆丸、豬肉丸及花肉片都很受到歡迎，最後在湯頭裡加上紹興花雕酒，這鮮潤的特殊湯頭是許多客人再訪的原因。

中醫保健食品專賣店
特色美食
余仁生
DATA

🌐 www.euyansang.com.sg ✉ 第二航站2樓公共區域，#02-14／第二航站2樓離境管制區域，#02-246

新加坡歷史悠久的中醫保健食品專賣店，每座航廈皆有門市，自用送禮兩相宜。門市裡產品齊全，依照店內銷售業績排出暢銷排行榜，讓旅客方便選擇人氣產品，最有人氣的是冬蟲夏草膠囊和靈芝粉膠囊，可一站式購足所有保健食品。

世界知名馬來西亞料理餐廳
特色美食
PappaRich
DATA

🌐 www.papparich.com.sg
✉ 第二航站3樓公共區域，#03-24/25A

馬來西亞料理的連鎖餐廳，有不少外國人都是藉由PappaRich來認識馬來西亞料理。招牌椰漿飯、咖哩雞和咖哩叻沙都是道地的馬來西亞美食，還可以喝到美祿恐龍(Milo Dinosaur)、白咖啡等傳統飲料。菜單選擇非常豐富，不管是想吃飯、麵或印度煎餅都應有盡有。

特色美食

Ya Kun Kaya Toast
亞坤咖椰吐司

DATA

🌐 www.yakun.com
✉ 第三航站地下2樓公共區域,#B2-07

　　亞坤咖椰吐司賣的東西,其實是在新加坡小販中心到處都可以吃到的新加坡海南式早餐,但是由於連鎖店遍及全島、統一化的服務標準,加上炭火烘烤的香脆的吐司,也成為人氣的主要原因。咖椰吐司顧名思義,是來到店裡一定要嘗的,咖椰醬是由椰漿、鴨蛋、棕櫚椰糖所調製而成椰子醬,搭配牛油一起夾在剖成一半的吐司裡,香濃的口感讓人心生罪惡,卻又無法抗拒。

　　建議可以點選咖椰吐司套餐,或是會附上一碟咖椰醬的法國吐司套餐,搭配新加坡加煉奶的Teh或Kopi,另外不妨試加上一碟新加坡人習慣在早上吃的半熟水煮蛋,半熟雞蛋搭配特調醬油和胡椒粉的打散後,直接用湯匙的吃法,連我這個平常吃蛋一定全熟怕生蛋的人都覺得香滑順口,一點都沒有想像中生蛋的腥味耶!

購物血拼

伴手禮輕鬆買
Fair Price

DATA

🌐 www.fairprice.com.sg
✉ 第三航站地下2樓公共區域,#B2-10

　　新加坡的平價連鎖超市,生活用品、食品類齊全,價格也和一般超市一樣,就算最後一刻要買點食品伴手禮也可以輕鬆找到。

特色美食

機場平價新加坡小吃
Kopi@T3

DATA

🌐 www.kopitiam.biz
✉ 第三航站地下2樓公共區域,#B2-03

　　新加坡的綜合美食街連鎖集團Kopitiam(福建話咖啡店,又指新加坡的小販中心),打破了機場餐廳價格一定要高貴的定律,和一般新加坡美食街一樣的小吃攤位,讓旅客在最後也能平價的一網打盡所有新加坡小吃或其他東南亞美食。

香氣撲鼻的咖啡麵包

Rotiboy

特色美食

DATA

🌐 rotiboy.sg ✉ 第二航站地下2樓公共區域，#B2-28
💲 咖啡麵包1個2.5元

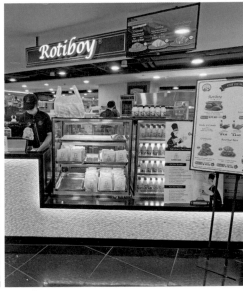

不要小看這小小一個墨西哥咖啡麵包，旅客經過Rotiboy攤位附近時總忍不住佇足，因為咖啡麵包的香氣實在是太香了！這間來自馬來西亞的麵包店賣的品項不多，但每一種都是必吃。人氣最旺的就屬咖啡麵包Rotiboy，烘烤後外皮酥脆，內餡則是夾著牛油，熱騰騰的雖然燙手但卻是最美味的時刻。不管是買來當早餐或點心都很合適。

新加坡本土手搖飲品牌

LiHO

特色美食

DATA

🌐 www.instagram.com/lihosg
✉ 第三航站1樓公共區域，#B1-23 💲 2.5元起

新加坡雖然有許多飲料店，但多數是來自台灣或中國的品牌。LiHO則是新加坡少數的本土品牌，若想嘗試比較東南亞風味的飲品，可選擇椰子系列，如招牌椰子奶昔、牛油果椰子奶昔和芒果椰子奶昔，另外還有將薏米加入飲品中的薏米系列，算是手搖飲中嶄新的嘗試。不過新加坡的手搖飲真的不便宜，若想要喝杯配料豐富的飲料約需6～8元。

機場內唯一的診所

Raffles Medical

機場服務

DATA

🌐 www.rafflesmedicalgroup.com/services/family-medicine/24-hour-services/24hourgp
✉ 第三航站地下2樓公共區域，#B2-01

如果在機場急需看醫生，可到這間位於第3航站地下2樓美食街旁的萊佛士診所求診，這間診所是24小時看診，但夜間會收取額外費用。新加坡的醫療相當昂貴，就算是本地人也大呼吃不消，建議旅客在出國旅遊前購買旅遊平安險，也須記得在看診後向診所索取理賠時必要的收據和文件。

全年無休餐飲娛樂場所～

星耀樟宜 Jewel Changi

星耀樟宜Jewel Changi樓高10層，提供24小時全年無休的餐飲娛樂場所，集合了購物、休閒、住宿、景觀花園等，其中室內景觀部分包含位於頂樓的星空花園，種植喬木棕櫚植物和灌木，而正中心則是目前世界上最高的室內瀑布，高達40公尺，其他設施還有天空之網、樹籬迷宮、奇幻滑梯等大型娛樂設施。新加坡機場提供的各式精品各種購物選擇，機場的購物收入甚至已經超過新加坡的購物商圈烏節路，這裡提供全方位的休閒空間，就連新加坡人都會攜家帶眷來這裡遊玩，儼然已經是另一個休閒觀光景點，建議離境前提早拜訪。

http www.jewelchangiairport.com

大食代

http foodrepublic.com.sg/food-republic-outlets/food-republic-jewel ✉星耀樟宜地下2樓，#B2-238/239/240 ⑤5元起

在新加坡不少大型購物中心都可以看見大食代的身影，而這間位在星耀樟宜的大食代更在裝潢上下了不少功夫。除了非常東南亞的南洋風格外，還使用了土生華人擅用的磁磚，讓整體更增添了幾分娘惹風格。美食廣場內有釀豆腐、烤雞翅、魚圓麵等在地小吃，不用花大錢也能品嘗在地美食。

TONITO

http tonito.sg ✉星耀樟宜2樓，#02-248 ⑤人均20元起

若吃膩了亞洲食物，想嘗嘗其他異國料理，不妨來這間TONITO拉丁美洲餐廳試試。前菜的墨西哥玉米片搭配特製番茄醬適合三五好友分享，招牌的墨西哥夾餅一份2個有4種口味選擇，而墨西哥捲餅則分量稍大，食量小的朋友建議分食。店內的服務生都非常熱情好客，對墨西哥食物不了解的話也都可以請他們給予建議。而最重要的賣點之一是餐廳內的景色，可以邊用餐邊享受雨漩渦和森林谷的美景。

海南寶

http www.thehainanstory.com
✉星耀樟宜地下2樓，#B2-201/202 ⑤人均15元起

經過這間餐廳肯定會讓人忍不住停下腳步，因為店內的陳設彷彿舊時的咖啡廳。除了復古裝潢外，如同報紙設計的懷舊菜單也很講究。海南人也是新加坡的早期移民之一，而這是一間憑著新加坡人對海南食物的熱愛而誕生的餐廳，店鋪前方設有麵包糕點區，後方則是餐廳內用區域。最受歡迎的料理是報紙海南咖喱飯系列，另外阿昌粥和威南記雞飯也受到不少人喜愛，菜單選擇眾多讓人每樣都想吃吃看。

湯申—東海岸線
Thomson-East Coast Line

享受自然美景與沿街美食

湯申路上段站
Upper Thomson (TE8)

倫多站 Lentor	美華站 Mayflower	光明山站 Bright Hill	湯申路上段站 Upper Thomson	加利谷站 Caldecott	史蒂芬站 Stevens	納比雅站 Napier
TE 5	TE 6	TE 7	TE 8	TE 9	TE 11	TE 12

←兀蘭北站
Woodlands North (TE1)

環狀線
(CC19)

濱海市區線
(DT10)

濱海灣花園站→
Gardens by the Bay (TE22)

湯申路上段站周邊街道圖

往 溫莎自然公園

湯申路上段站
Upper Thomson

TE 8

2
1
5
3
4

Backer's Brew
The Roti Prata House
Udders

甘榜山雞飯

Columbus Coffee Co

Hello Arigato

北

上湯申路以擁有不少特色咖啡廳及小店著稱，在湯申上段站未開通時已是許多年輕人喜愛的聚會之地，而車站開通後更帶來了前所未有的人潮。從車站可以步行至溫莎自然公園(Windsor Nature Park)，公園腹地廣大可連結至知名的樹頂吊橋(TreeTop Walk)，英國威廉王子2023年至新加坡拜訪時也曾造訪此新地。

由於此處山林內有不少猴子，也成為當地特色之一，湯申上段站設計時聘請了藝術家Troy Chin於站內畫了88隻猴子，這88隻猴子散佈在車站中各有不同的姿態，讓穿梭於車站中忙碌的乘客都忍不住停下拍照。至於為什麼是88隻猴子呢？因為這站是陸路交通管理局(Land Transport Authority)所營運的地鐵第88站。

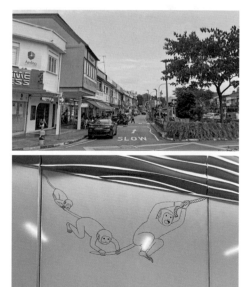

新加坡達人 *Singapore*
3大推薦地

作者最愛
溫莎自然公園

　　大吃大喝的行程讓人吃不消，不妨離開喧鬧的城市享受大自然的芬多精，這裡的步道設計相當好走，換上輕裝來個半天的生態之旅吧！(見P.181)

觀光客必訪
Columbus Coffee Co.

　　當地人也想去打卡的咖啡廳，輕鬆的氛圍適合三五好友相聚聊天，木質裝潢與精心挑選的餐具讓照片看起來更美了。(見P.183)

在地內行推薦
The Roti Prata House

　　在台灣吃不到這麼道地的印度煎餅，來新加坡一定要試試看！親民的價格就算是預算較低的遊客也不會有任何負擔。(見P.181)

特色美食
Chicken House
甘榜山雞飯
MAP P.179／C2
出口4
步行約1分鐘

DATA

✉255 Upper Thomson Rd., Singapore 574382　☎(65)6456-0698　💲單人雞飯套餐6.5元

　　甘榜源自於馬來語的Kampong，意思是村落，所以甘榜山雞飯就是使用放山雞而料理的雞飯，雞味更加濃郁。有別於海南雞飯給一般人的印象，這裡的雞肉肉質較結實，雞飯的分量也不少。店家自製的辣椒醬和蔥薑油也很美味，不怕辣的旅客可以嘗試看看。這間雞飯已經營業了20多年，是附近居民常光顧的店家之一。

Windsor Nature Park

遊賞去處

溫莎自然公園

MAP P.179 / A1

出口1
步行約15分鐘

DATA

http www.nparks.gov.sg/gardens-parks-and-nature/parks-and-nature-reserves/windsor-nature-park 📧30 Venus Dr., Singapore 573858 ☎ 1800-471-7300

溫莎自然公園鄰近全新加坡最大的自然保護區—中央集水區自然保護區(Central Catchment Nature Reserve)，也就是大家較熟悉的麥里芝(MacRitchie)。溫莎自然公園目前有4條步道建議的步道，分別是Hanguana Trail全長350公尺步行約10分鐘、Venus Loop全長1.8公里步行約45分鐘、Squirrel/Drongo Trails全長2.2公里步行約1小時、TreeTop Walk全長約7公里步行約3〜4小時。

除樹頂吊橋(TreeTop Walk)較困難外，其餘皆屬簡單等級的步道。雖然公園內步道相當完善，但仍建議穿著好走的鞋子進入，園內野生動物非常多，切勿餵食，從前曾發生過不少因猴子搶食而受傷的案例。若想要前往樹頂吊橋請先計算好時間，樹頂吊橋最晚的進入時間為16:45。

無論走哪一條步道都可以徹底享受到新加坡豐富的自然景觀，有時聽到樹叢中一陣騷動，轉頭仔細一看發現了巨型蜥蜴，有時則會看見猴子一家人在步道旁互相抓癢的可愛畫面。若厭倦了城市的繁忙，不妨安排一天時間進行一場自然生態之旅。

營業至深夜的印度煎餅

特色美食

The Roti Prata House

MAP P.179 / D3

出口3
步行約1分鐘

DATA

📧246 Upper Thomson Rd., #246 M 246, Singapore 574370 ☎ (65)6459-5260 💲1元起

這間印度煎餅店因平日晚上營業至半夜2點、週末營業至清晨4點而相當出名。店內人潮雖多，但座位也非常多，因此不太需要排隊。店員大多親切熱心，有餐點不確定的地方都可以詢問，雖然是平價美食，但採的是桌邊點餐制度。菜單選擇超多的印度煎餅讓人眼花撩亂，最基本款的酥脆印度煎餅(Crispy Prata)只要1元，而拉茶(Teh Tarik)也僅需1.2元，在這物價飆漲的年代算是真正的銅板美食。另外還有炒麵及黃薑飯的選擇，價格上也很實惠。

特色美食

新加坡冰淇淋國民品牌

Udders

MAP P.179 / D3
出口3 步行約2分鐘

DATA

🌐 www.udders.com.sg ✉️246D Upper Thomson Rd., Singapore 574370 📞(65)6452-0803 💲冰淇淋單球4.5元起

Udders成立於2007年，經過了多年的奮鬥，現在已經是家喻戶曉的國民品牌，甚至可以在新加坡航空和酷航的班機上品嘗到他們的冰淇淋。除了可以在超市、便利商店買到他們的產品外，也可以來他們的餐廳來直接品嘗。除了較一般的口味外，還有非常具有東南亞特色的產品，例如新加坡煎蕊(Cendol)、椰子、貓山王榴槤、泰式奶茶口味。若喜歡有一點酒味的人，可以試試他們的提拉米蘇、養樂多燒酒和荔枝馬丁尼口味。店內除了冰淇淋外還可選購鬆餅，兩者搭配在一起美味升級。

特色美食

年輕人超愛的網紅蛋糕店

Baker's Brew

MAP P.179 / D3
出口3 步行約2分鐘

DATA

🌐 www.bakersbrew.com ✉️246H Upper Thomson Rd., Singapore 574370 📞(65)6493-2246 💲蛋糕課程108元起

Baker's Brew以造型唯美的蛋糕及其創意客製化蛋糕而非常出名，在新加坡有6間門市。這間位在上湯申的門市不僅有販售蛋糕，還有提供烘焙教室的課程。烘焙課程中最有特色的就是一系列與新加坡本土糕點有關的主題，例如班蘭咖椰蛋糕(Pandan Kaya Cake)、班蘭椰絲蛋糕(Ondeh Ondeh Cake)、西梅千層糕(Prune Kuih Lapis Legit)等，每堂課約3.5小時，學員不需自行準備工具，所有的課程都需要事先上官網預約。

特色美食

木質風人氣咖啡廳
Columbus Coffee Co.

MAP P.179 / D3
出口3 步行約3分鐘

DATA

http www.columbuscoffeeco.com ✉220 Upper Thomson Rd., Singapore 574352 ☎(65)6253-6024 💲人均35元

　　上湯申路上最有人氣的咖啡廳，店內採用許多木質的家具，氣氛溫馨放鬆，客人們像是坐在自家客廳般自在地聊天。這裡也很適合全家人一起前來用餐，每到週末時會看到許多爸媽帶著孩子及寵物來這享受早午餐的身影。早午餐的Breakfast Sammie、主餐的牛排蓋飯(Beef Steak Donburi)以及配菜的松露薯條，都是很受歡迎的餐點。如果只是想來下午茶也沒問題，現場有蛋糕可供選擇。用餐時段人潮較多，建議先上官網預約，每週一公休。

特色美食

融合異國料理餐廳
Hello Arigato

MAP P.179 / D3
出口4 步行約2分鐘

DATA

http www.helloarigato.com ✉227 Upper Thomson Rd., Singapore 574359 ☎(65)8772-3778 💲人均35元

　　從店名就可以感覺得出這應該是一間有趣的餐廳。店內走的是非常簡約的風格，從店門口到餐廳內的桌椅多以白色為主，讓人覺得非常明亮。菜單上的料理時而讓人困惑、時而讓人驚訝，像是味噌凱薩沙拉(Miso Caesar Salad)、冬蔭素麵(Tom Yum Somen)、烏達三明治(Otah Sando)，運用了各種日式餐點中的素材與其他異國料理做結合。除了咖啡和茶之外，酒單的選擇也很豐富，紅白酒之外當然也少不了日本的清酒，這裡是用紅酒杯來盛裝清酒，不改其文化融合的風格。

湯申－東海岸線
Thomson-East Coast Line

倘徉在奇幻的花園之中

濱海灣花園站
Gardens by the Bay (TE22)

大世界站 Great World	合樂站 Havelock	歐南園站 Outram Park	麥士威站 Maxwell	珊頓道站 Shenton Way	濱海灣站 Marina Bay	濱海灣花園站 Gardens by the Bay
TE 15	TE 16	TE 17	TE 18	TE 19	TE 20	TE 22 終點站

←兀蘭北站
Woodlands North (TE1)

東西線　東北線
(EW16)　(NE3)

南北線　璟狀線
(NS27)　(CE2)

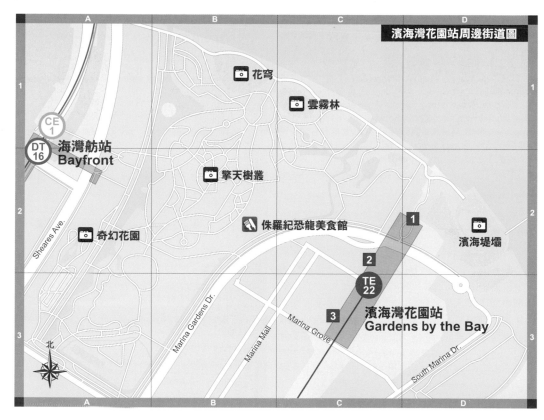

濱海灣花園站周邊街道圖

花穹

雲霧林

CE 1
DT 16
海灣舫站
Bayfront

擎天樹叢

侏羅紀恐龍美食館

奇幻花園

濱海堤壩

TE 22
濱海灣花園站
Gardens by the Bay

北

Sheares Ave.

Marina Gardens Dr.

Marina Mall

Marina Grove

South Marina Dr.

如果要選擇一個新加坡的代表景點，許多人肯定會說是濱海灣花園。濱海灣花園給觀光客最深刻的印象莫過於擎天樹，尤其夜晚搭配燈光和音效，震撼的場景讓人念念不忘。但其實濱海灣花園腹地非常大，總面積超過101公頃，其中包含了濱海灣南花園、濱海灣東花園以及濱海灣中央花園。過去旅客經由地鐵環狀線或濱海市區線在海灣舫站下車，由E出口步行至濱海灣花園。

而從2022年開始，湯申-東海岸線的濱海灣花園站啟用，讓旅客能有更多的交通選擇。濱海灣花園與海灣舫站分別在花園的不同側，皆需步行數分鐘才能抵達花園內部，旅客可依自身行程規畫來決定在哪個車站下車。

Supertree Grove
擎天樹叢

遊賞去處 **DATA**

MAP P.185 / B2
出口1
步行約10分鐘

🌐 www.gardensbythebay.com.sg/en/things-to-do/attractions/ocbc-skyway.html ✉18 Marina Gardens Drive, Singapore 018953(濱海灣花園內) 💲一般外圍參觀免費；天空步道(OCBC Skyway)成人12元、孩童(3～12歲)8元；擎天樹觀景台(Supertree Observatory)成人14元、孩童(3～12歲)10元

　　擎天樹叢在濱海灣花園中特別顯眼，它是由18顆高25～50公尺的擎天樹組成，走近一看會發現每棵樹上都種滿了各種不同種類的植物，所以每棵樹本身又像是一座花園。光是在樹下拍照就已經非常震撼，若想要感受不同視角的擎天樹，可選擇走在天空步道上，飽覽濱海灣花園的中央景色。

　　或者登上擎天樹觀景台，可眺望整個濱海灣區域的美景。無論白天黑夜都很適合前來，白天可以欣賞自然植物的綠意盎然，晚上經過燈光的點綴又宛如科幻世界一般。每天晚上19:45和20:45都有免費的燈光秀可欣賞，歌曲也會搭配著季節或節慶而變換。

Cloud Forest
雲霧林

遊賞去處 **DATA**

MAP P.185 / C1
出口1
步行約13分鐘

🌐 www.gardensbythebay.com.sg/en/things-to-do/attractions/cloud-forest.html ✉18 Marina Gardens Drive, Singapore 018953(濱海灣花園內) 💲雲霧林與花穹套票成人53元、孩童(3～12歲)40元(因配合特展展出票價隨時調整，請上官網查詢)

　　走進雲霧林裡會發現室外的悶熱不再，頓時舒爽了起來，因為這裡的室內溫度常年維持在攝氏23～25度，以利熱帶高原的植物生長，這些植物通常都生長在海拔2000公尺左右的環境。室內高35公尺的瀑布帶來了水氣，雲山(Cloud Mountain)上霧氣繚繞就像是仙境一般，旅客可先搭乘電梯到最高點，再沿著步道慢慢向下參觀。

Flower Dome
遊賞去處

花穹

DATA

MAP P.185／B1
出口1
步行約13分鐘

www.gardensbythebay.com.sg/en/things-to-do/attrac-
tions/flower-dome.html 18 Marina Gardens Drive, Sin-
gapore 018953(濱海灣花園內) 雲霧林與花穹套票成人
53元、孩童(3～12歲)40元(因配合特展展出票價隨時調
整，請上官網查詢)

花穹是濱海灣花園內3個冷室中最大的一個，外
觀的玻璃帷幕是由3332片玻璃所組成，室溫與雲
霧林相同，常年維持在攝氏23～25度。室內的氣候
非常乾爽，植物展出以地區來劃分，分別有澳洲、
南非、南美、加州、地中海等花園。而位於最中間
的花海區域則是會依照季節、節慶不同而規畫特別
的主題展出，其中受歡迎的主題包含每年的鬱金
香季、聖誕節、中國新年等。花穹中有兩間餐廳，
分別是米其林一星餐廳Marguerite和人氣打卡餐廳
Hortus，若想在此用餐建議事先預約。

Floral Fantasy
遊賞去處

奇幻花園

DATA

MAP P.185／A2
出口1
步行約15分鐘

www.gardensbythebay.com.sg/en/things-to-do/attrac-
tions/floral-fantasy.html 18 Marina Gardens Drive, Sin-
gapore 018953(濱海灣花園內) 成人20元、孩童(3～12
歲)12元

如果想要第一站就來到奇幻花園，建議搭乘地鐵
到海灣舫站會比較近。奇幻花園距離雲霧林與花穹
較遠，不在同一個區塊且展覽區域較小，所以常常
被人忽略，但奇幻花園也有他無可取代的特色。一
進門映入眼簾的是垂吊花束，色彩鮮豔的鮮花與乾
燥花交錯吊掛著，這夢幻的場景是許多年輕女生必
來的打卡景點，展場分為4個區塊，除了給人童話故
事般的情景外，還有許多自然生態的介紹，令人印
象深刻的莫過於展示了30多種顏色鮮豔的箭毒蛙的
櫥窗，是很難得可以近距離觀察他們的機會。

Jurassic Nest Food Hall
侏羅紀恐龍美食館

DATA

🌐 www.gardensbythebay.com.sg/en/things-to-do/dine-and-shop/jurassic-nest.html ✉ 18 Marina Gardens Drive, Singapore 018953(濱海灣花園內) 💲 8元起

　　打破旅客對觀光區美食街就是貴又不好吃的刻板印象，濱海灣花園打造了侏羅紀恐龍美食館不但適合親子前往，還網羅了曾登上必比登推介的攤位或餐廳入駐，讓觀光客不用一一造訪，只要在美食街就能品嘗到多種米其林平價美食。入駐的攤位有米其林一星了凡香港油雞飯麵Hawker Chan、第一間摘星的拉麵店Tsuta、唯一獲得米其林殊榮的印度香飯餐廳Bismillah Biryani、連續兩年登上必比登推介的椰漿飯Nasi Lemak Ayam Taliwang。而侏羅紀恐龍美食館中也展示著好幾尊恐龍雕像，模樣逼真且每個整點會有小小的表演，恐龍在餐廳中動了起來，搭配音樂效果，讓小朋友都看得目不轉睛。

Marina Barrage
濱海堤壩

DATA

🌐 www.pub.gov.sg/public/places-of-interest/marina-barrage ✉ 8 Marina Gardens Drive, Singapore 018951 💲 免費

　　濱海堤壩是結合防洪、供水以及休閒多種功能的堤壩，也是新加坡市區的第一個水庫。這裡一直是新加坡居民假日放風的好去處，堤壩上的大草坪白天可以野餐、奔跑，還可以放風箏，而到了夜晚這裡則成為約會熱門景點，因為可以吹著晚風欣賞濱海灣的夜景。從前因為交通較不方便，很少觀光客會前來此地，但自從濱海灣花園站啟用後，步行過來僅需短短5分鐘，也成為遊客之間的新景點之一。

專業導遊帶隊～
從新加坡出航的郵輪旅行

想在你的新加坡旅程中增添新的體驗嗎？新加坡位於東南亞的樞紐地帶，國際化的觀光城市和設備完善的港口吸引了郵輪進駐，在新加坡很盛行週末假日搭郵輪度假。無論是想要來個3～5日短程的東南亞之旅，或是2週以上的長途旅程，都可以在新加坡實現。

日期選擇

　　如果有計畫在新加坡搭乘郵輪，建議至少出發前半年就開始尋找適當的郵輪出發日期。郵輪出港一週只有幾個班次，如果還要搭配上自己想要的行程選擇上就更少了，所以建議郵輪的行程都確定後再購買機票。

船公司選擇

　　目前新加坡較多人搭乘的郵輪公司為「皇家加勒比郵輪」和名勝世界的「雲頂夢號郵輪」。此兩間公司在新加坡幾乎每週都有發船，價格依據客房艙等和航程長度而調整，最便宜的短程行程約為450元。2025年「迪士尼遊輪」也將以新加坡為母港展開航程，作為迪士尼遊輪第一次在東南亞開航，想必會為新加坡的郵輪旅遊帶來不同的風貌。

http 皇家加勒比郵輪官方網站：
www.royalcaribbean.com/sgp/en
http 名勝世界郵輪官方網站：rwcruises.com

路線選擇

　　從新加坡出發的短程郵輪行程多為3～5天的東南亞之旅，停靠的港口為馬來西亞檳城、吉隆坡巴生港、泰國普吉島。郵輪行程的價格皆不包含上岸日的旅遊行程，想要安排一日遊的旅客可以提前在郵輪官網預訂，或是到當地找一日遊的行程。通常下船後都會有許多旅行團和司機招攬旅客，建議選擇看起來規模較大的正規公司，以免產生行程上不必要的誤會。

注意事項

1. 檢查上岸地點是否需要簽證，若需要簽證請在出發前就先辦妥。
2. 建議在郵輪出發前2天就抵達新加坡。
3. 郵輪返回新加坡前記得上網再填寫一次入境表格。
4. 船上網路需要另外購買，若真的需要使用網路，提前購買會有折扣。

聖淘沙島
Sentosa

圖片提供／新加坡觀光局

新加坡達人 *Singapore*
3大推薦地

 作者最愛

馬來西亞美食街

　　不用到馬來西亞就可以吃到馬來西亞有名的街邊傳統老店，這樣的創意只能說名勝世界的餐飲規畫也太有心了！(見P.195)

 觀光客必訪

環球影城
(Universal Studios)

　　有6大主題區，動畫史瑞克中的「遠的要命王國城堡」是園區特色之一，別忘了拍照留念。(見P.192)

 在地內行推薦

海之味
(Ocean Restaurant)

在水族館裡吃午餐？來個讓人難忘的求婚？這真是個討好大人小孩的好所在。(見P.195)

聖淘沙島周邊街道圖

港灣地鐵站
HarbourFront

新加坡空中纜車

港灣中心

CC 29 NE 1

Sentosa Express

特麗愛3D美術館

聖淘沙香格里拉
渡假酒店

Equarius Hotel

■ 馬來西亞美食街
■ 樂高認證專門店

聖淘沙名勝世界

Mega Adventure

海之味水族餐廳
Resort World Station

遨堡聖淘沙酒店
百瑞營聖淘沙酒店
杜莎夫人蠟像館

環球影城
Imbiah Station

Beach Station

聖淘沙斜坡滑車
Skyline Luge

高爾夫球場

Woobar

高爾夫球場

北

從海港區乘坐輕軌列車聖淘沙地鐵(SentosaExpress)就可以到達新加坡最受遊客歡迎的外島——聖淘沙島,整年不斷舉辦的藝文、節慶活動,加上眾多的遊樂設施和2010年開幕的聖淘沙名勝世界(Resort World Sentosa)、賭場、環球影城(Universal Studios),還有節慶大道(FestiveWalk)內的購物商城和各式餐廳。聖淘沙島已經從以往只有陽光、沙灘、戶外活動的形象,轉變成一個符合一家大小、室內外各種娛樂需求的綜合娛樂島了!網址:www.sentosa.com.sg

遊賞去處

DATA

大型樂高作品成爲打卡景點

樂高認證專門店

MAP P.191／B1
名勝世界站
步行約5分鐘

http www.lego.com/en-us/stores/store/resort-world-sentosa
✉ 8 Sentosa Gateway Level 1, The Forum 01-72/74, Singapore 098138
☎ (65)6970-7290

　　這間位於聖淘沙的樂高認證專門店是許多遊
客的最愛，除了現場販售的樂高種類非常齊全
外，裡頭的展示包含魚尾獅、聖淘沙模型等極具
當地特色的作品，讓小朋友們目不轉睛。店內也
設有馬賽克快照機台，可現場拍照然後將自己的
相片製作成馬賽克樂高，是個非常特別的客製化
紀念品，如果想要照片效果好一點，建議穿著深
色衣服拍照喔！店門口擺設的「I love SG」大
型樂高作品也是熱門打卡景點。

遊賞去處

DATA

Universal Studios

環球影城

MAP P.191／B2
名勝世界站
步行約1分鐘

http www.rwsentosa.com ☎ (66)6577-8888 💲13歲以上82元、4～12歲
61元

　　東南亞第一個環球影城，包含6大主題區：好萊塢、紐約、
科幻城市、古埃及、失落的世界、遙遠王國。每個不同主題的
場景布置，和不定時出場的臨時演員和人物，就是要讓旅客在
每一個角落或角度都可以拍攝，並且融入這些夢幻主題，其中
最受遊客歡迎的遊樂設施，包括變形金剛3D對決之終極戰鬥，
以及木乃伊復仇記。此外，世界最高雙軌過山車，和2015年4
月新開的遊樂設施靴貓劍客歷險記，也是不可錯過的。假日人
潮擁擠，另可加購快速通關票；每個景點單次快速通關票為60
元；每個景點無限次快速通關票為90元。

Resort World Sentosa
聖淘沙名勝世界

遊賞去處
DATA

MAP P.191／B1
名勝世界站
步行約1分鐘

`http`www.rwsentosa.com ✉39 Artillery Ave. ☎(65)6577-8888

這是由馬來西亞雲頂集團所投資的大型娛樂度假勝地，也是在2006年和美國拉斯維加斯金沙集團一起從眾多競爭對手中脫穎而出，獲得可以在新加坡興建投資賭場綜合娛樂城的機會。名勝世界裡面包括了環球影城、海洋生物圈、海事博物館和不同類型主題的8間飯店、賭場和世界級的娛樂節目，眾多名牌精品聚集的節慶大道有許多首次進入新加坡的品牌，和各式餐飲選擇及名廚餐廳。

2012年開業的海洋生物園，有800多種海洋生物，是全球最大的水族館之一，包含適合親子一同玩樂的S.E.A海洋館及水上探險樂園。海洋館有著高達8.3公尺全球最大的景觀窗，彷彿置身海底世界般；巨型水族館景觀的另外一側則是館內餐廳「海之味」，對面則是海景套房，徹底的運用了海底景觀，給遊客們不同的視野和全新的體驗。

以上圖片提供／聖淘沙名勝世界

享受高空滑降樂趣
Mega Adventure

遊賞去處
DATA

MAP P.191／A2
纜車西樂索海角站
步行約13分鐘

`http`sg.megaadventure.com ✉10A Siloso Beach Walk, Singapore 099008
💲依每項活動價格不同20～99元

一共有4種設施包括高空彈跳、高空滑索、高空步道探險路線，以及適合小朋友的彈跳。最受歡迎的就是從高75公尺的觀景台上以時速60公里的速度向下滑行，落入西樂索海灘的白沙之中。

遊賞去處

Madame Tussauds
杜莎夫人蠟像館

MAP **P.191／B2**
英比奧站
步行約12分鐘

DATA

🌐www.madametussauds.com/singapore ✉40 Imbiah Rd., Sentosa, 099700 ☎(65)6715-4000 💲套票根據內容不同成人42.5元、3～12歲孩童30元起

位於聖淘沙的杜莎夫人蠟像館不只有栩栩如生的蠟像可以欣賞，還設有遊船體驗與萬象館。遊船體驗是讓旅客乘著小船，瀏覽新加坡的必去景點；而萬象館更為特別，融合短片與真人導覽介紹新加坡的歷史與文化。所以來到杜莎夫人蠟像館不僅僅是拍照行程，還能深度的了解新加坡。建議可先行上網購買套票，內容包含了杜莎夫人蠟像館、新加坡精神遊船、新加坡萬象館及終極影星體驗，成人42.5元、3～12歲孩童30元。若遇到天氣不好的狀況，這裡也很適合當作是雨天備案行程。

遊賞去處

可以替自己拍出許多有趣照片
特麗愛3D美術館

MAP **P.191／A1**
纜車西樂索海角
站，步行1分鐘

DATA

🌐www.sentosa.com.sg/en/things-to-do/attractions/trickeye-at-southside ✉80 Siloso Rd., Southside Blk B, #01-03, Singapore 098969 💲13歲以上32元、4～12歲及60歲以上長者28元

位於聖淘沙名勝世界裡，特麗愛3D美術館(Trickeye@Southside)利用畫在牆上的3D畫作及道具，製造出身歷其境的相片效果。喜歡拍照的人最好結伴同行才方便互相拍照，假日人潮洶湧，動線移動較慢。每個3D場景前皆有最佳拍攝角度及動作示範說明。

194

遊賞去處 **DATA**

速度滑降品味新加坡
聖淘沙斜坡滑車Skyline Luge

MAP P.191／B2
英比奧站
步行約2分鐘

http www.skylineluge.com/en/sentosa ✉1 Imbiah Rd.,
Singapore 099692 ☎(65)6274-0472

　　新加坡高速斜坡滑車和空中吊椅體驗，新加坡
高速斜坡滑車夜晚搭配聲光音效更有趣，適合一
家大小，6歲以上孩童就可參加。最基本的票價
為2趟23元起，週末和新加坡學校假期時人潮較
多，建議先上網購票並預約時間，才不會因為排
隊而掃興。

特色美食 **DATA**

Ocean Restaurant
海之味水族餐廳

MAP P.191／B2
名勝世界站
步行約10分鐘

http www.rwsentosa.com ✉S.E.A. Aquarium(在海事博物館內)
☎(65)6577-6688

　　位於海事博物館裡面的海之味，入口處在海事博物館的中間，
很適合早上參觀海事博物館後，在這裡享用午餐，或是傍晚進
入博物館在這裡晚餐。海之味的新主廚奧利維爾·貝林(Olivier
Bellin)曾在米其林二星餐廳擔任過主廚，他所設計的菜單則是將
當地的農產品融入其中，包含前菜、主餐和甜品的午間套餐為
148元、晚餐為248元。

特色美食 **DATA**

道地的馬來西亞料裡
馬來西亞美食街

MAP P.191／B1
名勝世界站
步行約3分鐘

http www.rwsentosa.com ✉The Bull Ring ☎(65)8798-9530 $4元起

　　名勝世界是馬來西亞雲頂賭場集團所投資發展的，名勝世界
的餐飲規畫團隊，也藉著地緣背景關係，登門拜訪許多馬來西亞
道地的出名小吃，請店家來到名勝世界裡的美食街設置攤位，因
此有了這樣一個不需要到馬來西亞也可以吃到道地來料裡的好地
方。廣受食客歡迎的有廚留鮮福建麵、檳城林兄弟炒粿條、檳城
亞美福建蝦麵、瓦煲雞飯等。

登布西山
Dempsey Hill

新加坡達人 *Singapore*
3大推薦地

PS. Cafe at Harding

這間位於登布希山的PS. Cafe被大自然所環繞，是不少當地人喜愛的聚會場所。店內氣氛白天和夜晚各有特色，適合在這和三五好友一起度過輕鬆愉悅的時光。(見P.201)

作者最愛
The Dempsey Project

不只是餐廳同時也是間精緻的小商店，悠閒愜意的氛圍，無論是來用正餐或下午想找個地方坐坐聊天都很合適。因為是寵物友好餐廳，常會見到可愛的狗狗。(見P.198)

觀光客必訪
Tiong Bahru Bakery Safari

以野營帳篷模式打造的餐飲空間，讓顧客在接近自然的環境中品味西式烘培產品，舒心又自然的感受絕佳。(見P.199)

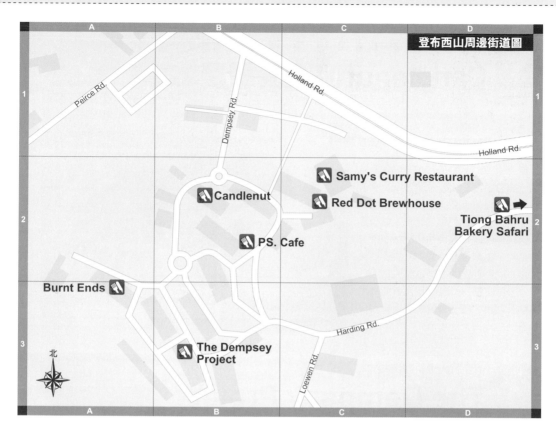

登布西山周邊街道圖

Peirce Rd.

Holland Rd.

Dempsey Rd.

Holland Rd.

🍴 Samy's Curry Restaurant

🍴 Candlenut

🍴 Red Dot Brewhouse

🍴 → Tiong Bahru Bakery Safari

🍴 PS. Cafe

🍴 Burnt Ends

Harding Rd.

🍴 The Dempsey Project

Loewen Rd.

北

殖民時期曾經是英軍軍營，後來改成Singapore Manpower Base。改造過後，成為新加坡最時尚的世外桃源，逃離城市喧擾的休閒小山丘，現在這裡有古董店、夜店、異國餐廳、有機食品超市、畫廊、SPA。誰想像得到當初新加坡人曾在這裡新兵訓練、演習，如今已成為無論白天夜晚都走在品味潮流尖端的雅痞區。

此地區目前沒有地鐵站，最方便的交通方式為計程車或搭乘接駁公車，從烏節路搭乘計程車依交通狀況約7～15分鐘，接駁公車搭乘處有好幾個，植物園(Tanglin Gate, Botany Centre)、植物園(Nassim Gate, Visitor Centre)還有地鐵荷蘭村站都有接駁點，詳細搭乘點可上官網看照片較為清楚。

● 接駁車時刻表：www.dempseyhill.com/shuttlebusschedule.html

圖片提供／新加坡觀光局

197

特色美食

善用娘惹菜式的特色料理
Candlenut ★ 米其林年度評鑑 2023一星

DATA

MAP P.197／B2 http comodempsey.sg/restaurant/candlenut ✉Block 17A Dempsey Rd., Singapore 249676 ☎1800-304-2288 ＄午餐套餐108元/晚餐套餐138元(以上未包含稅金與服務費)

新加坡唯一入選米其林的娘惹菜，娘惹菜為新加坡馬來人以及華人通婚後，延伸出來的文化以及特色料理，充分使用各式馬來香料，以及華人傳統烹飪方式。這裡除了精心挑選的食材，主廚善用娘惹菜色的烹飪技巧在不同料理上的創新也讓人耳目一新。服務生很用心的解釋每道菜的原料以及巧思，加上餐盤的選用都可以感受到在細節上的用心。

圖片提供／Candlenut臉書

特色美食

多元的異國料理與輕食
The Dempsey Project

DATA

MAP P.197／B3 http thedempseyproject.com ✉9 Block 9 Dempsey Rd., #01-12, Singapore 247697 ☎(65)6475-2005 ＄人均55元起

和這個區域的大多數餐廳有點不同，The Dempsey Project從早上8點就開始營業，一路到晚餐9點(週五、六為22:30)才關門。所以不但有早餐菜單，也有日間輕食與主餐多種選擇，你不用屈就於餐廳的營業時間，因為一整天都是適合前往的時段。走進室內會有特別開闊的感覺，超高的屋頂讓人不由驚嘆，桌椅的擺設也不會太靠近，走道十分的寬敞。除了用餐區外還有食品販售區，從調味料、橄欖油、各式麵條和巧克力等，都可以看出店家選物的用心；餐廳的另一個角落還設置了起司室，熱愛起司的人絕對會喜歡。菜單裡有許多有趣的料理，例如豆腐四川麻辣麵、韓式辣醬烤雞肉，都不像是會在這如此西式的餐廳中出現的。店裡的披薩非常好吃，現烤的餅皮外層酥脆內層有嚼勁，餡料的起司更是入口即化。這裡是寵物友善餐廳，可以看著許多人帶著狗狗坐在外面的用餐區域，更增添了一些悠閒的氣氛。

特色美食　新加坡最難訂的秒殺餐廳

Burnt Ends

米其林年度評鑑 2023一星

DATA

P.197／A3　burntends.com.sg　7 Dempsey Rd., #01-04, Singapore 249671　(65)6224-3933　人均200元起

被稱為新加坡最難訂餐廳之一的Burnt Ends，除了是米其林一星餐廳外，也是2023年世界最佳餐廳中的第65名，及亞洲最佳50餐廳排名第24名。可從官方網站訂位，僅接受45天以內的訂位，每天系統會逐日開放名額，通常都像是演唱會搶票一般秒殺，但仍有候補訂位可以排。

這是一間由澳洲主廚Dave Pynt所開的餐廳，定位為摩登的澳式燒烤餐酒館，餐廳的大門相當低調，但室內別有洞天，座位區分成吧檯區及一般餐桌區，吧檯區可以就近欣賞廚師們的料理過程。菜單每日更換，但基本的幾樣經典菜色如煙燻魚子醬鵪鶉蛋、和牛海膽、漢堡和甜點的棉花糖，都是餐桌上的常客。如果不知道要怎麼點餐，也可參考主廚推薦。

特色美食　自然野營環境鋪陳新鮮口味

Tiong Bahru Bakery Safari

DATA

P.197／D2　tiongbahrubakery.com　130E Minden Rd., Singapore 248819　(65)6877-4876　10～20元／人

新加坡最受歡迎的西式烘培店Tiong Bahru Bakery在2018年11月底在Dempsy Hill開幕的分店，打造出在自然野營環境裡的咖啡棚，享受半開放式挑高氣氛，結合一旁Open Farm Community所種植的香草天然食譜，一旁還有小朋友的遊樂區，是適合親子一起享受早午餐好地點，一開幕就造成轟動，除了每天一早新鮮出爐的麵包和烘培，還有新加坡最好吃酥脆的招牌可頌(4.2元)及大人小孩都愛的巧克力丹麥捲(5.3元)。

特色美食

不可錯過的精釀啤酒餐廳
Red Dot Brewhouse

`DATA`

P.197 / C2 http://www.reddotbrewhouse.com.sg Block 25A Dem-psey Rd., #01-01 (65)6475-0500

　喜歡喝生啤酒的人別錯過這間小型的精釀啤酒餐廳，除了室內外歐夏蕾的氛圍，彩色繽紛的精釀啤酒更是不可錯過，半開放的環境加上門口池塘所營造出來的峇里島浪漫氣氛，在週末總是得排隊等上一陣。推薦招牌巧克力蛋糕，乍看普通的蛋糕加上切開後流出來的香濃巧克力，是茶餘飯後的完美序曲。

新加坡米其林指南 MICHELIN A better way forward

　2016年7月米其林出版了第一本新加坡米其林指南，讓不少老饕來新加坡又多了一個目標：隨著米其林星星等級來餐廳摘星。米其林星級評鑑最高為三星，標榜卓越的烹調，值得專程造訪；二星為烹調出色，不容錯過；一星為優質烹調，不妨一試。除此之外有價格更為親和的必比登美食推介(BidGourmandRestaurants)，表示該餐廳提供具素質且經濟實惠的美食，費用約在45元以下(3道菜不包含飲料)。

　2023年6月新加坡米其林指南成績揭曉後，摘星的餐廳數創新高來到了55間，榮獲3星的餐廳有3間、2星的餐廳有6間、1星的餐廳多達46間。Seroja更獲得了米其林綠星的殊榮，米其林綠星是2020年首度推出的獎項，旨在鼓勵於永續作為上領先的餐廳，其餐廳對於環保與道德方面都有一定的堅持，也注重永續的概念並致力於減少浪費。

三星餐廳，3間
Les Amis
Odette
Zen

二星餐廳，6間
Cloudstreet
Jaan by Kirk Westaway
Sint Pierre
Shoukouwa
Thevar
Waku Ghin

一星餐廳，46間
28 Wilkie
Alma by Juan Amador
Art di Daniele Sperindio
Born
Beni
Braci
Buona Terra
Burnt Ends
Candlenut
Chef Kang's(江師傅餐館)
Cure
Cut
Esora
Euphoria
Hamamoto
Hill Street Tai Hwa Pork Noodle (大華豬肉粿條麵)
Iggy's
Imperial Treasure Fine Teochew Cuisine (御寶閣)
Restaurant Jag
Labyrinth
La Dame de Pic
Lei Garden(利苑)
Lerouy
Ma Cuisine
Marguerite
Meta
Nouri
Nae:um
Oshino
Putien (Kitchener Road)(莆田)
Poise
Reve
Rhubarb
Shang Palace
Shinji by Kanesaka (Carlton Hotel Singapore)
Sommer
Summer Palace(夏宮)
Summer Pavilion(夏苑)
Sushi Ichi(鮨一)
Sushi Kimura(鮨來村)
Sushi Sakuta
Seroja
Table65
Terra
Whitegrass
Willow

新加坡米其林官方網站：guide.michelin.com/sg

貴婦下午茶的代表

特色美食

PS.Cafe at Harding

DATA
MAP P.197／B2 **http** www.pscafe.com ✉ 28B Harding Rd.
☎ (65)6708-9288 💲 20～40元

　　從一開始在烏節路Paragon購物中心裡的本店「Project Shop」開始，提供了一系列的下午茶甜點，成為烏節路貴婦下午茶的代表據點之一，接下來在登布西山開始的PS.Cafe，更是受到所有新加坡歐美外派人士的喜愛，成為早午餐的代名詞之一，落地玻璃窗如同溫室般的室內設計，加上綠蔭的周遭環境，輕鬆優雅的用餐氣氛，讓人覺得每個週末就應該睡到自然醒，再和三五好友來這裡早午餐，一週才算是完整。早午餐主餐選擇眾多，提供各類新鮮現打蔬果汁和蔬食沙拉，茹素的人也有很多種選擇。週末無法訂位。

印度咖哩老字號

特色美食

Samy's Curry Restaurant

DATA
MAP P.197／C2 **http** www.samyscurry.com ✉ 25 Dempsey Rd.
☎ (65)6472-2080 💲 10元起

　　這間超過50年的老字號在新加坡是無人不知，最有名的莫過於新加坡才有的印度料理咖哩魚頭，另外用多種香料烹煮的咖哩雞(Masala Chicken)和咖哩魚排(Fish Cutlet)也很受歡迎，來到這裡服務生會先替你放上一片香蕉葉，拿著銀製飯桶替你加飯，或是可以要求換成用黃薑等香料製成的黃薑飯(Nasi Briyani)，再隨喜好決定要加的配菜，各類咖哩採自助式的陳列方式，也方便喜歡看到菜色的客人直接前往選擇。

新加坡旅館住宿

新加坡不乏國際連鎖5星級飯店，飯店價位也和東京不相上下，除了2010年隆重開幕的濱海灣金沙酒店和聖淘沙名勝世界的各類主題飯店選擇以外，有別於其他連鎖品牌的精品旅店，可以滿足追求新鮮感及不同住宿體驗的旅客需求。

MAP P.65 / B2

能代表新加坡的歷史酒店

富麗敦酒店 The Fullerton Hotel

DATA

http www.fullertonhotels.com ✉1 Fullerton Square, Singapore 049178 ☎(65)6733-8388 ➡萊佛士站B出口，步行約4分鐘

新加坡最具代表歷史性的飯店之一，建造於1928年，在2015年被列為國家紀念碑，過去這裡曾經是新加坡郵政總局、圖書館，也是極高聲望的新加坡俱樂部，近一世紀經歷了新加坡所有輝煌的歷史後，改建成擁有400個房間的古蹟酒店。因為它的歷史，富麗敦酒店在新加坡人心裡有著代表性崇高的地位，這裡也幾乎是所有新加坡男女生夢想中的結婚地點，因為國家紀念遺產的富麗敦酒店會一直存在。飯店還有為訪客精心打造的旅遊行程活動，包括搭乘

復古偉士牌機車、造訪歷史景點，以及在頂樓餐廳Light House舉辦的新加坡小吃介紹，或是在酒吧舉辦的調酒體驗。免費專人的歷史導覽每週也開放給非飯店旅客參加。

收集滿藝術品的醫療飯店

MAP P.111 / B1

華樂酒店 One Farrer Hotel

DATA

http onefarrer.com ✉ 1 Farrer Park Station Rd., Singapore 217562 ☎ (65)6363-0101 ➔ 花拉公園站A出口，步行約2分鐘

2014年開幕，位於花拉公園地鐵站外和斐瑞醫療中心(Farrer Park Medical Centre)與斐瑞醫院(Farrer Park Hospital)為同一棟大樓，加上一旁的美食街Owen Link，是新加坡唯一的醫療飯店，給想要醫療旅遊的訪客最便捷的選擇。這裡同時也以近千件精挑細選的藝術品收藏為傲，由走進飯店就像是走進一座藝術品展場，從大廳開始到飯店的各個樓層角落都會發現別出心裁的設計和藝術品，讓迷路的客人像逛博物館般的走到哪都有驚喜，也可預約專人導覽介紹飯店的藝術作品。

華麗經典的精品飯店

MAP P.55 / B2

首都凱賓斯基酒店 The Capitol Kempinski Hotel

DATA

http www.kempinski.com ✉ 15 Stamford Rd., Singapore 178906 ☎ (65)6368-8888 ➔ 政府大廈站B出口，步行4分鐘距離

2018年底開幕的德國連鎖精品飯店，是新加坡最受矚目的精品飯店之一，由殖民時期的指標性建築Capitol Building and Stamford House改建的飯店，融合復古元素和現代藝術，位於政府大廈旁，共有157間客房。飯店的裝潢別出心裁，使用了許多新加坡當地藝術家的作品，早餐選擇豐盛從新加坡各類小吃、椰漿飯、咖椰吐司、印度煎餅、娘惹糕到香檳都有。

皮克林賓樂雅酒店
PARKROYAL COLLECTION Pickering

DATA

🌐 www.panpacific.com/en/hotels-and-resorts/pr-collection-pickering.html
✉ 3 Upper Pickering St. 📞 (65)6809-8888 ➡ 牛車水站E出口，步行3分鐘

　　被評論為新加坡最環保的酒店，如同坐落在都市裡的城市空中花園，隔絕了鬧區的紛擾。室內採用木質和實質打造自然氣息，玻璃牆的設計讓房間採空充足，空中花園有著鳥籠設計的涼亭和無邊泳池，可以俯視整個金融區，坐落於牛車水地鐵站旁交通便利，無論是商務或是觀光旅客都非常的適合。

市中豪亞酒店 Oasia Hotel Downtown

DATA

🌐 www.oasiahotels.com ✉ 100 Peck Seah St., Singapore 079333
📞 (65) 6812-6900 ➡ 丹戎巴葛站A出口，步行3分鐘

　　在新加坡商業區內，顯目的建築外觀很難讓人不多看幾眼，綠建築融合大自然和建築物著名新加坡建築事務所WOHA的作品，27樓高共有314客房，這裡提供了一個商旅或是度假旅客中心的休息地。位於27樓頂樓開放式的游泳池，可俯視商業區景色，每週有瑜伽課程讓旅客自由報名參加，房間的設計也採開放空間，可打開的浴室拉門，挑高落地窗的設計把空間利用放大，高級行政房旅客另有專用的用餐空間和戶外泳池。

CUBE精品膠囊旅館
Cube Boutique Capsule Hotel@Kampong Glam

DATA

🌐 cubehotels.com.sg/kampong-glam ✉ 55 Bussorah St., Singapore
199471 📞 (65) 6291-1696 ➡ 武吉市站B出口，步行約5分鐘

　　位於Kampong Glam中心，是新加坡光觀局開設的膠囊旅館，旅客服中心就在隔壁，24小時開放的櫃檯提供旅客諮詢及購票服務。房型分為男女混合的16人與13人單人床膠囊房型、雙人床膠囊房型，獨立房間2張雙人床房型，以及2～8人的家庭房型。服務人員非常友善，旅館明亮乾淨，膠囊內的設備貼心，膠囊空間裡有折疊桌鏡子，多國插座和多個USB充電處，提供瓶裝水以及毛巾和拖鞋。

位於鬧區的世外桃花源 MAP P.47／D3

羅伊德旅館 Lloyd's Inn

DATA

www.lloydsinn.com/singapore ✉2 Lloyd Rd., Singapore 239091 ☎(65)6737-7309 ➡索美塞站D出口，步行10分鐘

　　位於烏節路10分鐘步行距離的住宅區，非常的寧靜地點方便如同世外桃花源，簡約優雅的設計將自然和建築物融合在一起，大量自然光透入，面向私人空地的房型。半開放式的淋浴間，彷彿入住在森林裡。戶外陽台和游泳池舒適的戶外空間，非常適合和三五好友相聚，2分鐘的步行距離有24小時營業的超市，生活機能方便適合長住旅客，共用陽台有咖啡機和微波爐等簡單廚房用品可用。

充滿牛車水華人文化氛圍 MAP P.127／D2

華綉酒店 AMOY by Far East Hospitality

DATA

www.stayfareast.com/en/hotels/amoy.aspx ✉76 Telok Ayer St ☎(65)6580-2888 ➡牛車水站E出口，步行約6分

　　位於中國城的華綉酒店(AMOY by Far East Hospitality)，曾是最古老的新加坡廟宇之一，在遠東飯店集團的打造下，變成讓人耳目一新的飯店，保存了170年古老建築建構，新舊融合的室內設計讓人驚豔。初次造訪的旅客在抵達時，不免懷疑是不是走錯了地方，要進入飯店必須通過福德賜博物館，這裡保留了過去留下的文化古蹟，從博物館內的迷你模型建築，可以感受到過去飄洋過海的中國移民生活，這裡是當時中國移民登陸的地方，讓人有種穿越時空的錯覺。飯店人員熱情親切，登記入住後，不妨拿著迎賓酒，好好感受過去移民歷史。位於牛車水區域，地理位置良好，步行距離可到達克拉克碼頭。

每房設計不同的精品旅館 MAP P.127／B3

索樂居酒店 Hotel Soloha

DATA

solohahotels.com ✉12 Teck Lim Rd., Singapore 088387 ☎(65)6222-8881 ➡麥士威站(Maxwell MRT Station)出口3，步行5分鐘

　　位於牛車水和歐南園地鐵站間，2019年8月開幕的精品旅店，在原本傳統店屋的架構上加上新加坡新興設計師的創意，將每個房間打造成不同風格、樓中樓的房間格局，麻雀雖小五臟俱全。24小時吧檯提供免費零食和咖啡等非酒精飲品，位於熱鬧的中國城一帶餐廳酒吧圍繞，很適合年輕旅客。

老屋改建精品旅店 MAP P.121／A2

倉庫酒店 The Warehouse Hotel

DATA

www.thewarehousehotel.com ✉320 Havelock Rd., Robertson Quay, Singapore 169628 ☎(65)6828-0000 ➡合樂站(Havelock MRT Station)出口4，步行10分鐘

　　位於新加坡河畔，餐廳酒吧眾多的羅伯森船舶Robertson Quay旁，1895年建造的建築物變身而成的精品旅店，這裡是曾是馬六甲海峽航班路線，頻繁商船往來必經地，這裡也是祕密集會、地下活動、釀酒場的所在地。飯店為工業風設計，從房內的沐浴用品、飯店介紹手冊介紹附近推薦餐廳景點，都都可感受到別出心裁的巧思，早餐有著自助式歐陸選項和現點現做的熱食，飯店空間寬敞舒適，充分顯示中型精品旅館的用心。

交通便利的高級飯店 MAP P.55 / C1

卡爾登酒店 Carlton Hotel

DATA

🌐 www.carltonhotel.sg ✉ 76 Bras Basah Rd., Singapore 189558
📞 (65)6338-8333 ➡ 政府大廈A出口，步行4分鐘

　　會選擇卡爾登酒店的旅客絕大部分都是因為他的地理位置。卡爾登酒店位於市中心內，除了步行到地鐵站僅需4分鐘外，多數市中心的景點都能以步行抵達，這對於旅客來說相當有吸引力。飯店周圍購物中心、餐廳林立，不用擔心覓食的問題。一共有940間客房，最基本的房型也足夠寬敞，打破了市區飯店的房間總是非常狹小的刻板印象。

以上圖片提供 / 李佳樺

充滿歷史感的精品飯店 MAP P.127 / C3

思樂酒店 The Scarlet Singapore

DATA

🌐 thescarletsingapore.com ✉ 33 Erskine Rd., Singapore 069333
📞 (65)6511-3333 ➡ 麥士威站(Maxwell MRT Station)出口3，站步行3分鐘

　　店屋所改建而成。因建築格局的限制，有部分房間沒有窗戶，建議介意的旅客預訂前先向飯店詢問。酒店位於麥士威熟食中心附近，再加上牛車水本身就是美食集中地，旅客可以輕鬆品嘗各式當地美味。雖然公共設施沒有大型飯店來的完備，但地點十分便捷也讓飯店大大地加分。

圖片提供 / 施丹妮

適合親子入住的渡假飯店 MAP P.191 / A1

聖淘沙香格里拉渡假酒店 Shangri-La Rasa Sentosa

DATA

🌐 www.shangri-la.com/en/singapore/rasasentosaresortt ✉ 101 Siloso Rd., Sentosa 098970 📞 (65)6275-0100 ➡ 從港灣站搭乘飯店接駁車

　　這間五星級的香格里拉飯店座落在聖淘沙島上，親子友善的設施和家庭房很受當地人和遊客的喜愛，雖然共有454間客房，但週末和學校假期時往往一房難求。專為5～12歲孩童設計的Cool Zone是室內的遊樂場，爸媽可以放心將孩子交給專業團隊照顧，不但小孩玩得開心，父母也可以享受難得的兩人時光(5歲以下需大人陪伴)。飯店內擁有私人海灘，所以聖淘沙的旅客雖然多，但在這住客可以享受獨享美景。水上活動例如槳板、獨木小船都可免費使用，還有許多活動讓住客參加，就算不出飯店也非常充實。

以上圖片提供 / 張馬可

百瑞營聖淘沙酒店 The Barracks Hotel Sentosa

｜DATA｜

🔗www.thebarrackshotel.com.sgg ✉2 Gunner Lane, Singapore 099567 📞(65)6722-0802 ➡聖淘沙纜車英比奧站 (Imbiah Station)東出口，步行6分鐘

2020年聖淘沙島最受矚目的新飯店，莫過於新加坡遠東集團在聖淘沙打造的3間新飯店，Barracks Hotel Sentosa、The Outpost Hotel和Village Hotel。2019年年底開幕，殖民時期這裡曾經是軍事基地建造於1904年，3間飯店各種為不同風格，Village Hotel為四星飯店有著606間房間吸引各國旅遊團體。

Barracks Hotel Sentosa則是精品路線，從接機開始就感到私人獨特的服務，使用吉普車為客車，順應這裡過去殖民時期英軍基地的風格，兩層樓高的殖民時期建築打造40間客房，每間客房有自己的陽台，面向飯店旅客專屬游泳池，精緻的少人數用餐空間，和服務人員如同私人管家一樣隨時貼心的服務，每天下午16:00有免費專業歷史導覽，每天傍晚5點在泳池旁用餐區有著免費自助雞尾酒輕食。房間的陳設也將時空轉換到殖民時期，英軍營地的風格，引人進入一個尊貴的時空之旅。

遨堡聖淘沙酒店 The Outpost Hotel Sentosa

｜DATA｜

🔗www.theoutposthotel.com.sgg ✉10 Artillery Ave., #03-01, Singapore 099951 📞(65)6722-0801 ➡聖淘沙纜車英比奧站 (Imbiah Station)東出口，步行5分鐘

五星級的The Outpost Hotel有著193間房間，走的是中型精緻路線，從辦理入住開始就可以感受到飯店的用心，入住處像是客廳一樣舒適溫馨，首先送上迎賓飲料，住客可在此自選免費的吧檯零食。房間的設計是俐落的極簡風格，房間吧檯放置可飲用水龍頭設計，茶葉也是和新加坡當地的茶行Pryce Tea合作的特調茶罐，沐浴用品則是澳洲香氛品牌APPELLES Apothecary，床邊還放著枕頭用的薰衣草舒眠精油，綠意盎然的游泳池是網紅拍照地，傍晚不定期播放露天電影院，三間飯店的旅客都可享用。